千 Neverend 寻

总 策 划　杨旭恒
选题策划　姚湘竹
项目编辑　云海燕
装帧设计　木
内文排版　史明明
责任印制　盛 杰
营销编辑　火 包

千寻

给邱家瓦的三十封信

邱志杰、邱家瓦 / 著

云南出版集团 晨光出版社

瓦瓦：

《给邱家瓦的三十封信》是爸爸在2009年1月画的三十张大水墨画，所谓信件，其实就是这些画。

2008年，也就是创作这组画之前，爸爸在南京长江大桥上帮着救人。南京长江大桥对我这一代人来说意义重大，这座桥是1968年12月29日全面建成通车的，当时前苏联专家已经撤离中国，它完全是中国的工程师和工人们靠自己的力量用了近十年时间建成的，是当时的工程奇迹。所以这座桥既是革命的象征，也是民族独立的象征，在新中国的政治图谱中意义重大。爸爸小时候的语文课本，第一课是《我爱北京天安门》，第二课就是《雄伟的南京长江大桥》；我们小时候的课本、笔记本、脸盆、收音机，尤其是奖状上面，都印着南京长江大桥的图案。但是我真正开始关注这座大桥，却是因为有人到大桥上轻生。你还记得2018年我们去的旧金山金门大桥吗？那个地方是全球有名的“自杀胜地”。我很想知道，为什么那些人在人生失败的时候要来到这样的“纪念碑”上结束生命。

后来我就参与到干预轻生者的工作中，我们从大桥栏杆边上拉下企图轻生的人，劝解他们。我们先设法让他们哭出来，然后听他们说出故事，最后得到他们家人的电话，再通知家人来将他们接走。就这样，我们面对死亡，听悲惨得要命的故事，我们成了人们发泄负面情绪的“垃圾桶”，这也让我想了很多关于生死的问题。例如，如何保持心态平衡，如何看淡胜负输赢，如何看待爱情，如何看待变化，如何等待……和他们说话时，我不小心就会说一些重复的话，也说了很多警句。

那时候你妈妈已经怀上你，我知道我的女儿即将出生了。我当时想，我说这些话的时候，真希望我女儿就在一边听着啊！这些话，其实也是说给她听的，希望她的一生理性、勇敢、从容、坚韧、超然、淡定、温柔、有耐心。

2008 年 11 月你出生那天，爸爸在产房里接到了北京尤伦斯当代艺术中心邀请我做大型个展的通知，要展出的就是我的“南京长江大桥计划”。你出生的第十天，因为黄疸出奇高，你住进了儿童医院的重症监护病房，每个星期我们只能隔着玻璃窗探视你两次。医生说，就算治好了黄疸，你也可能会得脑瘫，让我们要有心理准备。就是那段时间，在儿童医院的楼下，我开始构思这一套给你的“信”，也就是这三十句盘桓在心里的话，以及画面。

这里给你抄录一段我在 2008 年 11 月 14 日写的日记：

晚上终于可以静下来记这些字。等到小家

瓦长大的时候，我会把这几天的日记当作十八年后的生日礼物送给她。我要告诉她：

瓦瓦，那几天，爸爸心里念叨的是：就算你变成一个傻姑娘，爸爸也会爱你的。

但是，现在爸爸要把你治好。你会长成一个善良、坚强、美丽的姑娘。

瓦瓦，你在刚出生的第九天遭遇了人生的第一个劫难，而今后还会有很多劫难。每个人都是经历九死一生活过来的，每个人都很不容易。可即使是表面看上去很坏、很惨的人，也承受着爱他们的人的爱。

瓦瓦，为了我们所受过的所有劫难和所有爱，你一定要善待自己和周围的人。

你一定要用你的耐心和勇气来化解你所遭遇的一切，并且享受你的命运。

在你遇到困难的时候，会有很多还不认识你的人来帮助你，那是因为爸爸妈妈曾经为你的今天付出过。你一定要学习付出，然后你会获得整个世界。

无论在任何时候，如果爸爸在，爸爸都会为你承担一切的。但是，有一天你要在没有爸爸妈妈的情况下，自己在这个世界上活下去。你会是一个坚韧的生命，你还要当一个好妈妈。

你活着，爸爸就活着。你会很像爸爸，因为今天小小的你是爸爸的老师。也因为对你的爱，爸爸会变得更好。爸爸会把对你的感情放在明年春天的大展览里，爸爸会为你画一组画，这组画的名字就叫《给邱家瓦的信》，其中包括《不要失去你的平衡》《不要用誓言逼迫自己》《没有什么事情是非做不可的》《要征服，不要争论》《不要忘记你小时候的疑问》《你要相信等待的力量》等。

此刻你躺在医院里，在蓝色的灯光下，眼睛上覆盖着黑布。蓝色的灯光在一点儿一点儿漂去你皮肤上的黄色吗？你的脑膜要挺住，要挺住，不要让混蛋胆红素混进来捣乱。瓦瓦加油！等你长大以后，爸爸要带你去结识世界上所有能歌善舞的民族，爸爸也要和你一起组队去参加户外全能挑战赛，咱俩去赢一辆越野车回来！

瓦瓦，那一次，你很棒地挺过了危机，在医院住了一个月后平安出院，我才得以专心投入创作。尤伦斯当代艺术中心的大展厅有九条拱肋，它们把大展厅分割成十个空间，而南京长江大桥刚好有九个桥墩。所以这套画是三张一组形成十组，每组探讨一个主题；每一组都是左中右结构，三十张画连接起来，刚好是一座南京长江大桥。

我先用木板做了南京长江大桥的钢梁结构和桥墩，用拓印的方法将其印到5.1m×1.9m的大宣纸上（事先需要根据每张画的构图留白）。整个一月，我每天都在升降车上画画。5.1m×1.9m 的大水墨画，落笔无悔，基本上是一天一张，我爆发出了惊人的创造力。很多画中的内容同时变成了展厅里的装置。

二月中旬展览开幕的时候，刚好也是你出生百天的日子，我抱着你出现在展厅里，那时候邱家瓦就已经成为中国艺术史中的一个形象了。写在画面上的那些句子感动了很多人。有一位阿姨在工作坊中读了这些句子，就跑到尤伦斯当代艺术中心当义工，一干就是十年，后来她成了少儿艺术教育的践行者。因为爸爸在中国美术学院的研究所叫总体艺术工作室，高士明叔叔就说："老邱这套画上的句子是总体艺术论语。"——其实，那些句子是对你说的，也是对南京长江大桥上的轻生者说的，更是对我自己说的。

一晃十三年过去了，当年险些脑瘫的你，已经长成了一米七的大块头姑娘啦！哈哈！想到当年医生说的"要有心理准备"，我就好开心。

我自己也一直觉得这套画是我重要的代表作，十三年来一直有人想出版这套画，而我，似乎是在等你有能力写回信的时候。现在看来已经是时候了。

这还不是给你正式写的信。

要说的话太长了，今天先到这里。

爸爸

2021 年 12 月 28 日

爸爸:

《给邱家瓦的三十封信》很早就出现在我的生活中。在我很小的时候，我不清楚这三十封信的内容，不了解你创作这三十封信的意义，更不明白你想通过信来告知我的道理。2015年左右，因为家里装修，所以我们搬到了“爸爸的工作室”去住，那是我第一次仔细地观察这些“信”。那个暑假，我会在漫长的下午盯着这些“信”发呆，“信”中的东西看起来有序却无律。我看得出来画中有一棵树，却不明白为什么苹果上会再生出一棵树；我隐隐约约可以看出有一座桥，但并不知道这就是南京长江大桥。等我再次仔细地去观察这些“信”时，我已经上初中了，我试着去猜想画中各个部件的意思，可还是无法理解。

一直以来，我对爸爸在南京长江大桥劝解轻生者的事都略有耳闻，可是直到听了爸爸的一次演讲，我才对这件事有了更深的了解。当时我想，原来我的爸爸是这么伟大的人啊！人往往有许多压力，你见过太多的人，听过太多他们经历的事，你帮助了很多人。你知道他们想不开的原因，也许是因为他们把某些事看得太重了，又也许是因为别人做了伤害他们的事……

后来，我才明白你画出这些“信”的目的，你是为了让我不成为那些想不开的人。假如有一天我真的想不开了，也许在阅读完这些信之后会好一些吧，哈哈。

邱家瓦

2022年1月1日

仅仅是活着的感觉就足够欣喜

仅仅是活着的感觉，就足够欣喜

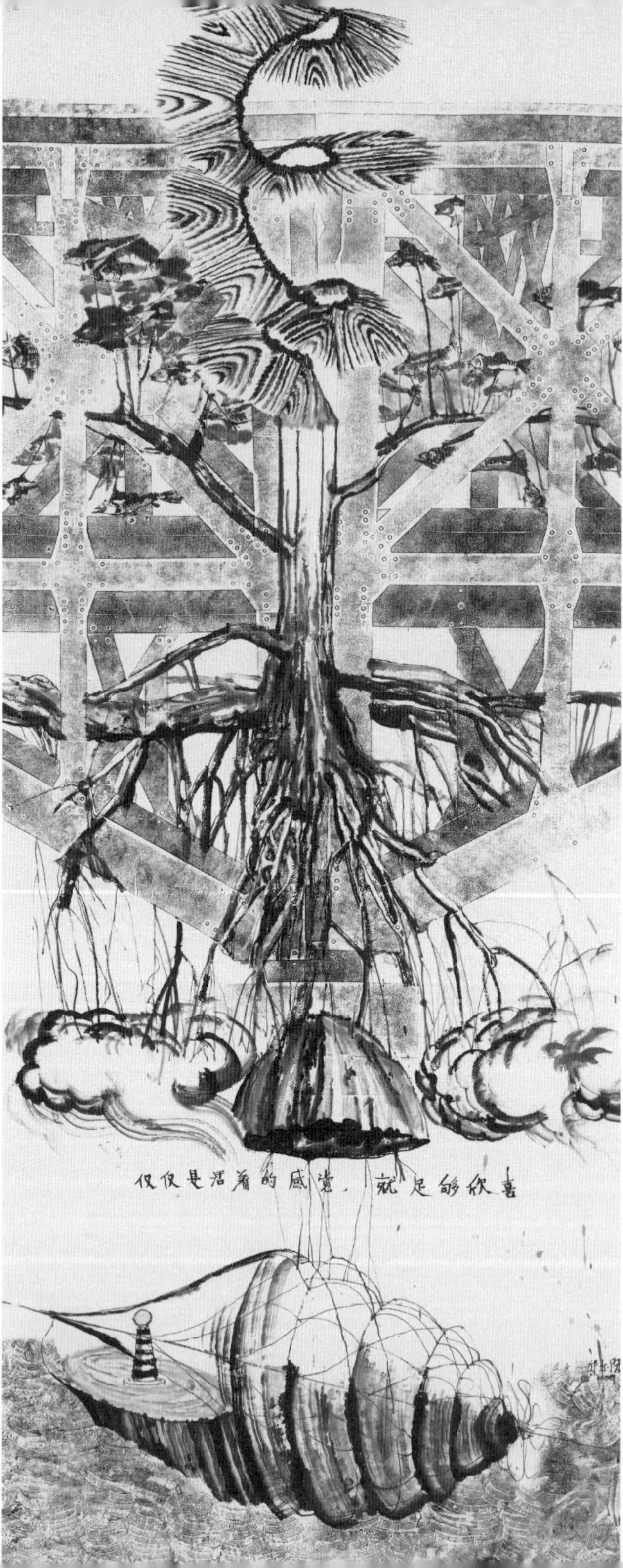
仅仅是活着的感觉，就足够欣喜

瓦瓦：

这套画虽然名为《给邱家瓦的三十封信》，其实一共有三十一张。尤伦斯当代艺术中心的咖啡厅入口还有一面墙，当时的杰罗姆·桑斯馆长认为，既然是我的展览，那这面墙上也应该是我的作品。当时已经画完了展厅内的三十张信，我就又画了这第三十一张——《仅仅是活着的感觉，就足够欣喜》，算是这三十封信的“封面”。

画面上方，在南京长江大桥的钢梁结构之间出现了一根树干，它的上半部分被加工成一支巨大的铅笔，卷笔刀削出的螺旋形刨花升腾而上，木头的年轮在这种螺旋形刨花上展现出漂亮的纹理。铅笔的木头部分是保护石墨笔芯的，总是被卷笔刀削掉成为刨花，虽说刨花很漂亮，但它们是漂亮的牺牲品。

树干的中部长出树杈，树杈上又长出很多鱼。大桥下面的长江水里游着的鱼出现在钢梁之间，而这个位置通常是走火车的。静静地在水里游了几万年的鱼，此刻行进在火车的空间中。

树干的下半部分甩出很多树根，一部分树根扎进土壤里，另外的扎进两朵云彩里。

一些树根穿过那块土壤，延伸到画面的下方，成为海螺的结构线。海螺的下半部分是它的实壳。之所以要把镂空的结构和海螺的壳体画在一起，是要大家去想海螺的内部结构。海螺内部的螺旋结构，可以对能量的扰动产生递减作用。你注意到我在海螺头上画了一个螺旋桨、在海螺口上画了一个灯塔吗？即使海螺的内部狂风大作、波涛翻滚，它的口上照样风平浪静；如果它的外部波涛汹涌，它的内部仍然是风平浪静。我把这个海螺的画面做成了展厅里的装置，叫作《内部的风暴》。

那个灯塔上灯的造型，是你的小脑袋。在这张画上，我画的是一种生机勃勃的“争”的感觉。每一个生命都承担着这样或那样、内部或外部的冲击，他们从一切可能的地方争取养分，鱼从树木中获得养分，树木从土壤和云朵中获得养分，而生存就是为了成为那支能书写的铅笔，那些成为牺牲品的刨花，是我们交付的代价。

我小时候背过严复先生翻译的英国人赫胥黎的《天演论》，对它一直印象很深。那里面说：“……怒生之草，交加之藤，势如争长相雄。各据一抔壤土，夏与畏日争，冬与严霜争，四时之内，飘风怒吹，或西发西洋，或东起北海，旁午交扇，无时而息。上有鸟兽之践啄，下有蚁蝝之啮伤，憔悴孤虚，旋生旋灭，菀枯顷刻，莫可究详。是离离者亦各尽天能，以自存种族而已。”

这段话里对我影响最大的是那句“是离离者亦各尽天能”，以及那个“争”字。今天的人，经常忘了生命是一场战斗，要不断地战斗，才会换来自己和种族的生存。人总是把自己活着这件事当作理所当然，其实一点儿也不理所当然啊！我们有得吃、有得住，因此活着，这都是我们和帮助我们的人奋斗的结果。其实我们每天是做了很多工作来维持生存的。我们每天要喝水、要吃饭；我们过马路要东张西望，以免被车撞死；我们出门要记得戴口罩，以免感染病毒；我们闻到不好的气味会本能地捂鼻子。其实做这些工作都是为了保护自己，让自己生存下来，甚至可以说这就是一种斗争。生命是“争”的结果。条件不同，际遇不同，所争得的生存有的绚烂宏伟，有的卑小微贱，但只要是“争”着生存，就各有精气神，就值得被尊重。

很多人不珍惜很多事，都只是因为忘了他所拥有的东西本是他好不容易争来的。

你想，我们每天早上醒来，能看见阳光，能看见窗外的花，能听到鸟在叫，难道这一切不值得珍惜吗？你想，如果你天生是一个盲人，你能看得见花、看得见阳光了，这件事情是多么珍贵；如果你天生是个聋子，你能听得见鸟叫了，这件事情又是多么困难和珍贵。所以，每天早上一醒来，我的听力没有丧失，视力也没有丧失，我就要告诉自己说太好了，我还看得见、听得见，我没有失去智力和感受力，真是太好了。

所以说：仅仅是活着的感觉，就足够欣喜。

爸爸

爸爸：

画我看懂了，不过我觉得"仅仅是活着的感觉，就足够欣喜"不是最贴切的形容。画里有很多生物，它们都为了生存而竞争，这更像是一个链条，一环扣一环，然后才会有万物都连接在一起的感觉。

有的人总是抱怨生活苦，可能对他来说，仅仅是活着就已经是胜利了。这一点我倒是同意。有不少人可能觉得自己明天就要死了，但是按照常理来说，明天还是会活着的。大概率我们明天都不会死，因为今天、昨天和前天我们的生命都没有受到危害。

但是这些是努力的结果吗？我每天早上醒来还听得见、看得见，我感觉这其实并不是努力的成果。你可以努力维护你的听力，但是如果有一天听力突然丧失了，也不能怪你自己没努力。有的人出生在有战争的地方，他们可能真的没法儿努力，即使努力了也不会有太多改变；他们也不知道该怎么努力，只觉得无能为力。有的人可能因为生存压力太大，努力也没有用，然后一切就失调了，说不定他就会抑郁。现在这个时代，抑郁症患者就很多。

还是说，有的人天生就有努力的能力，而有些人天生就没有这种能力？

瓦瓦

瓦瓦：

确实有无法努力的部分和可以努力的部分。命运、命运，无法努力的部分叫“命”，可以努力的部分叫“运”。有一首闽南语歌叫《爱拼才会赢》，歌词里有一句“三分天注定，七分靠打拼”，说的就是“命”把你生在哪里你无法选择，但是努力会带来好运。

我们的命运，取决于我们会不会放弃努力和斗争。生命本身是要去斗争的，是要努力才能获得生存的。你看，每一棵树都是那么努力，它们要把根扎进土里去获得水分。它们努力往高处长去争夺阳光。南方的树努力把叶子长宽一点儿，为的是晒到太阳，而北方的树努力得叶子都变成了针，为的是防止水分流失。春天来了，它们努力地开花，吸引蝴蝶和蜜蜂来帮自己授粉。每一棵树都是非常努力的。不努力，生存就不会自动发生。物种之间会互相竞争自然资源，而我们人类是所有的动物里面最努力的。

原始人要猎杀猛犸象，也要防止被剑齿虎和狼吃掉；要鉴别这个浆果能不能吃，那个蘑菇有没有毒；要判断到底摘哪个东西回去吃。在那样残酷的斗争中，他们的生命随时都可能被一些力量夺走。你觉得他们会抑郁吗？今天被我们叫作抑郁的东西，古人称之为挫折、生气、郁闷、孤独、恐惧。这些情绪自古以来就伴随着我们，我们要和它们斗争。

所以，没有人先天缺少这种斗争的能力。

我们假设古猿人有两类，有一类猿人的基因决定他们不太能扛得住压力，另一类猿人的基因则决定他们比较能扛得住压力。那么，那些不太能扛得住压力的猿人会更容易死掉，而能扛得住压力的猿人就会活下来。于是，能扛得住压力的那种基因就优先传递了下来。我们的祖先，就是更能扛得住压力的那些猿人，而没扛住压力的那些猿人，他们的后代并没有活在我们身边。即便是我们身边那些得抑郁症的人，他们的祖先和我们的祖先一样，也是强悍的人，能斗争的人。

现在的问题是，我们要如何像一个原始人那样去努力、去争夺，从而让自己得以生存；要如何回到那种状态里，而不让自己退化。

爸爸

虽说过眼云烟但也曾是万物

虽说过眼云烟，但也曾是万物

瓦瓦：

这张画是三十封信里面最左边的一张，也可以算是第一封信吧。这张画的标题叫作《虽说过眼云烟，但也曾是万物》。

中国人对生命的短暂和渺小有着非常深刻的理解，关于这方面的词汇特别丰富。一说起人生短促，就说“过眼云烟”“白驹过隙（就像一匹白马从缝隙前跑过去那样，一眨眼就没了）”；说起个体渺小，就说“沧海一粟”。我最喜欢的词汇是“鸿爪雪泥”，大雁在雪地上留下脚印，过一会儿大雁飞走了，而雪继续下着，脚印都被覆盖掉了，谁知道大雁飞去了哪里呢？厚厚的一本《红楼梦》，最后却说“落了片白茫茫大地真干净”。这种意识可以是对人生的“观空”，但中国人虽然看破人生短暂，却并不灰心丧气。人生短暂，反倒要好好过每一天，珍重此刻。

这张画的画面正中有一根烟囱，和大桥钢梁的工业感很协调，它是从真正的水泥烟囱上拓印下来的。我真的去做了一大批烟囱，用水泥浇筑，烟囱中埋了很多东西，水壶、擀面杖、打气筒、篮球，什么都有。这些东西一个一个地紧挨在一起，等到浇筑烟囱的水泥快干的时候，我把这些东西抠掉，将两个半圆的水泥块合上，它就变成一根特殊的烟囱：烟道中有的地方特别细，只能让一股烟穿过，但这一股细细的烟，在穿过这根烟囱的时候，会在一个又一个物品的空心的付型中弥漫开来。

水面上那些被剖开的半圆形烟囱，像船，也像棺材浮在水上。过去的人死后实行土葬，有钱人会早早地为自己准备好棺材；农村发洪水冲垮房子时，有时候水面上就会浮出棺材，就像我画的这样。在这些烟囱中，可以看到很多物品的空心的形状，有铁锚，有空瓶子，不知道你能不能认得出来。在这些躺着的烟囱上，一股股烟升腾而起，钻进了竖着的那根烟囱里，充盈在不同物体的造型中，最后在最上部虚化掉。后来，这个画面被制成了一件巨大的装置，在尤伦斯当代艺术中心展出。

我曾凝视过火葬场的烟囱上方升腾的青烟，并对着它长时间地拍摄。那真是让人感慨啊——一个个生命结束之后，就化成了这么一阵烟。

但是再想想，我们是碳基生物，构成我们生命的物质和构成铅笔芯、墨汁、树木的碳没什么两样。这些物质平时弥散在世界上，混乱地浮动着，一旦被结构起来，就成为具体的物体。结构的最高形式是有机体，一些有机体的结构高度精密，产生了智力，互相能感应、说话，进而生发出世间无数的爱恨情仇，这是多么奇妙！但有机体并不能一直维持，过一阵子后，秩序崩溃，结构解离，各种物质又回到混乱和无序中，尘归尘，土归土。我们人类看蚍蜉的一生觉得短，从宇宙尺度看我们的整部地球史、文明史，也不过一瞬间。这样想来，再回头看人间的种种折腾，只觉得稀罕珍贵，就连苦难都是恩赐。

我创作这套画时，想到的事情却远远不止于生死。人对自己的身体和生命的态度，会受到更大的东西的影响。怎么理解世界、理解历史、理解物质之间的转化，决定着一个人是否具备一种豁达和通透的理解力，也决定着他在面对具体生活中的问题和困难时，会采取什么样的反应方式。

所以，虽说人生一世，草木一秋，虽说是过眼云烟，但也曾经是万物。这缤纷的万物，实在是宇宙的奇迹。

爸爸

爸爸：

我感觉把这张图放在第一个的位置上还挺合理的，有种沧桑感。过眼云烟的感觉是怎么产生的呢？我常常觉得一个学期很快就结束了，时间过得特别快，尤其是快乐的时候，就显得时间过得更快。朋友们来来去去，这个人转学了，那个人搬家了，也让我有一种很强烈的流逝感。一直陪伴我的那些事物，比如陪伴了我五年的电脑，陪伴了我数不清多少年的白色独角兽毛绒玩具（它现在还在陪伴我，虽然我已经没那么重视它了），也都是过眼云烟。

我还记得我读的第一所学校是一个小别墅学校，整个学校一共就二十几个人，在那里我没什么朋友，只有一个人会跟我说话，因为我天天都哭。后来是新英才学校，我对那里的很多朋友都还有印象，不过也很少联系了。在某些时刻我会忘掉其中的某些人，我也不知道怎么说好。

我还记得爷爷在殡仪馆火化之后，你带我去捡骨头收骨灰。你让我抱着骨灰盒，骨灰盒还是热的，我记得。我们一起将骨灰送进了那个存骨灰盒的房子里面，房子里有一排排架子，上面放满了骨灰盒。你当时问我怕不怕，我说不怕。回来以后很多人对我说你太过分了，怎么可以带孩子去那种地方？其实那里没有任何可怕的东西，怎么不能去呢？死亡是自然现象。

我感觉能亲自去送他走也挺好的，人如果死了，好好道别就是了。我还记得在我们走向那个骨灰房的时候，你对我说:“更重要的是在他活着的时候对他好，是吧。”

瓦瓦

你曾经九死一生

你曾经九死一生

瓦瓦：

画面下方的这种渔网，过去在我们闽南老家的海边很常见。用木棍做支架，利用杠杆原理拉起四方形的渔网，这种渔网叫作罾（zēng），闽南话的发音和普通话的“咱”相似。今后你要是有机会去印度的话，可以去它西南岸的科钦看看，那里的海边有一大片由这种渔网形成的风景区，渔网是郑和下西洋时传过去的。

渔网一拉起来，很多鱼扑通扑通往上跳，企图死里逃生，这让我想起庄子说的“钩饵、罔罟(gǔ)、罾笱(gǒu)之知多，则鱼乱于水矣”。而你坐在这渔网的中央，拽着连接渔网的绳子，把自己从水里拉出来。在你的上方，一张撒开的渔网当头罩下，在它四周还有几个捕蝶的网兜，似乎构成包围捕捉之势。画面上方，一条软梯从空中垂下来，这种软梯一般是直升机救人的时候会用到的。软梯的上方连着小木船，小木船的风帆由渔网织就，企图兜住海港的大风。这是来自想象力的拯救。但这拯救也是危机四伏，你看那大桥的钢梁变成了剪刀，气势汹汹地要剪断软梯，而小木船的舵向下连接着扇动翅膀的蝴蝶，它也在这大剪刀的刀口之下岌岌可危呢。

然而最上方还有一层拯救的力量——那棵从云朵中倒挂下来的长满苹果的苹果树。穿过每一个苹果的枝条都变成了钩子，那是来自天上的锚，它们似乎在努力拉住这个小木船。

瓦瓦，这是一张充满矛盾和冲突的画，那些网和剪刀是对生命的威胁，十面埋伏，但总有柔弱的力量遥遥伸出援手。小小的你，乐观地坐在渔网中，救起了自己。

画这张画的时候，你还在重症监护病房里，也就是爸爸不断地默默对你喊着"瓦瓦加油"的时候。其实不只是你，每个生命都是要经历九死一生的。过去九死一生，未来也一样是九死一生。在生命的路途中，有太多威胁我们的敌对力量了。一场地震或海啸，一次核泄漏，有毒的食物和空气，一个喝酒的司机不守规则地驾驶汽车，一场空难，一次医疗事故，一场流行病，一场战争，甚至一次不够谨慎的实验室操作或者一次燃放鞭炮，都可能要了我们的命。更有很多生命，甚至胎死腹中。

瓦瓦，你看，我随随便便就数出了这么多种威胁，然而还有无数种未知的威胁潜伏在我们的生活里，想要夺走我们的生命。而我们，居然躲过了所有这些劫难，活到此刻，这难道不是奇迹吗？每一个活着的人，都是从这九死一生的命运中夺路而出的；每一条生命，都在不断地与死亡这必然的命运作斗争。我们怎么能去帮助那些想要谋害我们的敌对力量呢？虽然我们的生命终将因为死亡而彻底失败，但每一天的呼吸都是小小的胜利，都是悲壮的战斗。在这每天不断的、小小的胜利中，我们创造了生活的奇迹；我们一代又一代地接力，创造了人类的文明。

而最终，最终能够帮助我们战胜对死亡的恐惧的，是生活和文明的力量。这就是我们的拯救。

德国浪漫主义诗人荷尔德林说："但有危险的地方，也有拯救生长。"

爸爸

爸爸：

我忽然想到 2021 年初我曾构思过的一个科幻故事，我打算用写信的方式把它完成。

这个故事的灵感来源于一本我读过的书，那本书叫作 *Soonish*，书里讲述了未来三十年地球可能发生的变化。

书的第一章就介绍了五种人类构思过的去往火星的方法，大部分方法听起来可谓异想天开，比如把人当作子弹射到火星上（当然书里也介绍了这个方法的弊端：人类承受不了发射的速度，而且发射的角度和距离必须计算得十分精准才能保证人的安全）。真正被实施的计划是听起来最无聊的那个：降低造火箭以及所用燃料的成本，现在埃隆·马斯克的 SpaceX 公司的太空探索计划便参考了这种方法。

我想，既然有这么多有趣但因为种种原因而无法实现的方法，不如把它们写进科幻故事。可就在我按照原计划构思故事的第二天，一个新的想法萌生了：也许我可以自己设计一种突破性的技术，并且在虚构的世界中展开关于它的故事。

在故事中，有一种可以循环自发电的发动系统，这个系统主要是靠磁场来运行的，在持续运行的过程中，它就可以不断地输出燃料。可这种技术却跟随它的创造者一同消失了，故事的主线因这件事被触发：在它消失的一百多年后，新一代人需要搬到遥远的星球，便想了种种办法来找回这种被遗忘已久的科技。

家瓦

你要去数清一个苹果里有多少棵树

瓦瓦：

第三张画有一个很长的标题——《谁都能数清一棵树上有多少个苹果，你要去数清一个苹果里有多少棵树》。画面下方是波涛汹涌的水面，水面上浮着半个剖开的苹果，从苹果核中长出了三根树干，它们形成了一棵苹果树；苹果树上挂满了苹果，其中有几个苹果被剖开了，又从中长出了小苹果树的树干。这个“山上有座庙，庙里有个和尚在讲故事”般的递归系列可以无穷地进行下去。苹果的核就是它的种子，由核可以长成一片小树林，一片小树林可以变成一片大树林，这就是生命的奇迹。

画面的上半部分里有很多个小女婴，那是小时候的你，我根据你刚出生时的照片画的。那时候爸爸有点儿炫技，很想炫耀我的写实素描功夫。这些女婴形象散布在大桥钢结构的不同交叉点，她们的脐带还都没有剪断。你知道吗，小孩子刚刚生出来的时候，人虽然出来了，但肚脐眼上的脐带还连着妈妈子宫里的胎盘。在这个画面上，每一个小姑娘的肚脐眼上都有一根管子一样的脐带连接到另一个小姑娘的子宫里，她们代表着你的妈妈、外婆、外婆的妈妈、外婆的外婆。一条连绵不绝的脐带，连接了一条家族世系；我们也可以说，这是一条线粒体的河流。《诗经》有云：“绵绵瓜瓞（dié），民之初生。”意思就是说，一代代人就如同一根连绵不断的藤蔓上结着的大大小小的瓜。你看我画的小女婴们和脐带，还真像瓜和藤呢。上方最大的女婴——你的子宫里也有一根脐带向上延伸，变成了天上的云彩。一个小婴儿的脑袋正从云中钻出来，那是你的孩子。你刚生出来的时候，也是这个样子，头发湿漉漉的。

这张画充分证明了爸爸是一个女性主义者，哈哈。但是，瓦瓦，很明显，这张画，这封信，说的是生命的接力。

对我来说，这场接力并不仅仅是一个家族的延绵，也是从最早的核糖核酸（RNA）和蛋白质到细菌，从蓝绿藻到三叶虫，从鱼到两栖动物的一场漫长的征程。据说生命起源于原始大气混合物中一道闪电所催发的变化，也有说生命的起源与太空陨石或者彗星带来的物质有关。听起来，生命的起源十分偶然，几乎可以说是来自一场错误：这个伟大的错误让我们的星球如此生机勃勃，以至于我们有时候不愿意相信它是偶然的、没有目的的。我们更愿意相信生命来自一个有预谋的方案，是根据更高级的智慧模本设计的。

但爸爸是无神论者，我相信生命就算是来自错误和偶然，那也只是因为天大的运气，而地球所遭遇的这场运气绝对值得我们珍惜。这个叫作生命的大家族经常自相残杀，但作为一根藤上的瓜，每一种生命、每一代生命都不仅仅是他们自己。生命选择延续自己，是因为延续下去，生命就会越来越复杂，越来越高级。一直高级到今天的我们可以回望来路，眺望去路。

这张画也描述了繁衍，不管是苹果还是人类，都在努力繁衍。“是离离者亦各尽天能，以自存种族而已。”生命的延续，经历了从无性繁殖到有性繁殖的过程，又经历了从卵生到胎生的过程，以后还要往哪里走，今天的我们并不知道。或许到了你们这一代，人类的自我复制方式就会发生巨大的变化，人类已经开始主动干预自己的进化，克隆技术已经出现了。那时候，爸爸的画将显得十分古老。未来的生命可以从这张画里，看到两个古老的生命之间的感情。

祝福未来的生命，希望他们还能像我们今天的这些生命一样，有情有义。

爸爸

爸爸：（构思这个故事真的有点儿费脑）

故事发生在一座被六根柱子围绕着的城市，这座庞大的城市坐落在一个名叫“别敏”的行星上。这个行星被人类发现时，它的自然环境正好适宜人类生存，而当时的地球，因为种种原因正在慢慢地衰落。人类把这颗行星命名为“Kepler-186f”，这个名字解释了它所在的星系以及定位。3040 年，部分登上火星的人类反映那里生活条件艰苦，可是地球的情况越来越糟糕，三分之二的人类于 3075 年左右抵达了火星。在人类没有持续破坏环境的前提下，地球的温度本不会有大幅度的升高，可是在一次意外之后，地球无法及时把那场“意外”留下的热气散出大气层，所以大部分地球居民就只能迁移到火星，暂且给地球一百年左右的冷却时间。

随着人类科技的快速发展，有些人变得格外贪心，开始打起了距离地球 557.7 光年的那一座“地球”的主意。

火星居民们选出了六千名来自各地的精英，开启了“别敏计划”。“别敏计划”被分成三个部分：首先找到可以长时间利用的燃料，然后找到沿途可以供人类休息的星球，最后抵达“别敏计划”的终点。

家瓦

你们要互相成为灌溉者

你们要互相成为灌溉者

你們要互相成為灌溉者……

瓦瓦：

下面这三封信，或者说三张画都是讲人际关系的。这一张《你们要互相成为灌溉者》非常简单明了，画面上半部分，南京长江大桥的钢结构上攀爬着很多藤蔓，可以是葡萄藤也可以是牵牛花，而在那些应该长着葡萄或牵牛花的地方，长出了很多园丁们用来浇花的水壶，它们带着花洒喷头，向着各个方向喷出水流。而钢结构的正中有两个婴儿脑袋形状的水壶，那显然是你的小脑袋——应该两个都是你，我那时候还不知道你会有一个妹妹呢。

说实话，时间过去十三年了，此刻我已经忘了自己为什么会画两个你的小脑袋形状的水壶了。或许我想的是，人不但是要和他人相处，也是要和自己相处的。实际上，和自己相处的方式，是我们和他人相处的方式的基础和模型。

画面的下半部分，翻滚的长江水中出现了三头巨大的鲸，我们都知道鲸是会喷水的，这三头鲸也正在喷出巨大的水柱，像放礼花一样，那些水柱的中央长出了菊花。我也忘了为什么是菊花，大概是因为菊花花瓣的末端是下垂的，和水柱喷洒的造型相似。鲸喷水其实是在吐气，吐出的气体遇冷就凝结成了许多小水珠，从而形成了雾状的水柱。上面的水壶浇灌着下面的鲸，下面的鲸也在浇灌上面的花呢。

那些水壶本来就是从藤蔓上长出来的，它给别的藤蔓浇水，从别的藤蔓上长出来的水壶也给它浇水。这是最好的人际关系的一种隐喻，中国人将这种关系叫作“仁”。

我想了很久你的“别敏计划”中这个“别敏”的名字从何而来。“别”这个字的本意是很残酷的，是用刀把肉从骨头上剔下来的意思，所以就有了分离、分别、区别、别人等衍生含义；“敏”呢，是动作快、速度快的意思。从字面上看，“别敏”就是“快快离去”或者“努力离去”。在你的故事中，人类要殖民到另一个星球，确实有告别地球故乡的意思。然而人类与外星人相遇的故事，其实在人类的种族内部早就发生过了——当年哥伦布或者皮萨罗这些殖民者来到印第安人的地盘上，他们岂不就是一种外星人？今天我们把太空飞船叫作“船”，叫作“星舰”，把天空当作海洋，是有一定道理的。

当我说“你们要互相成为灌溉者”的时候，这个“你们”，指的是你和你未来的爱人、朋友，也是指你和任何一个与你有所不同的个体。比如，我和你，也应该是互相的灌溉者。互相灌溉，就是互相给予营养，互相滋养。而人与人之间之所以能够互相滋养，恰恰是因为他们有别，他们不一样，因而能够依据他们之间的差异而互相贡献，取长补短，形成合作。所以，差异不是我们要去消灭对方的理由，恰恰相反，我们要感激他人与我们是如此的不同，这种不同使我们双方得到滋养。

有一次，爸爸给一位好朋友——印度思想家萨拉·马哈拉吉翻译“圆明园”，我故意曲解，忽悠他说，“圆”是彻底也是循环，“明”是启蒙，所以“圆明园”就是人们循环地互相教育、互相启蒙，直到彻底觉悟的花园，用英语说就是 Cyclical Enlightenment Garden。这可把他给激动坏了，说这比柏拉图学园还厉害。确实，任何人之间的相处，如果能够把对方和自己都当作滋养者，时常浇水，那就是一种好的关系。

中国字“仁”指的是两个人，因此它说的是人际关系，是个体之间的关系。此外，我们久蹲之后腿麻了，用针扎在腿上面也不觉特别疼，这就叫作“麻木不仁”；一个有钱人看到穷人的困难无动于衷，叫作“为富不仁”。“仁”也是对痛苦的敏感之心，在人际关系中它就是同情心，是对别人的痛苦的敏感度。这么来解释你的“别敏”，也算是一种“别解”了。爸爸最近在研究灯谜，热衷于别解。哈哈。

爸爸

爸爸：

你知道我的故事为什么叫“别敏”吗？这是因为之前我有个同学的游戏账号叫“别 ×”，后面那个字长得特别像“敏”，我觉得那个字长得特别好看，可是我又不知道它念什么，所以就管它叫“别敏”了。我就是单纯想不出来名字，瞎起了一个。你如果不解字，我本来没有那个意思的，你这么一说，它反而真的有那层含义了，就好像是他们从地球上把人给拿走了。

本来我是想把这个故事画成漫画的，可是一直没有抽出时间去画，我就直接把它写在这里吧，简单地讲一讲。

故事里，人类必须快快离开地球，因为地球好像变热了，要完了，我也不知道这该怎么写，总之是因为地球的环境不再适合人类居住了。当时发生了什么大“意外”？可能是人类之间发生了战争，互相丢原子弹之类的。我想，那主要是因为人类不能互相包容谦让，结果把地球给糟蹋了，然后地球开始加速变热，最后废掉了。

我认为这部小说最有意思的地方，就是派两个完全不认识的人进入到同一个空间，寻找同样一个东西，有点儿像剧本杀。他们是同一个组织派去的，但为什么不让他们同行呢，也不提供给他们互认的办法？可能是想让他们自己发展吧。因为他俩有区别，比如一个更理智，一个更感性；或者一个更擅长记忆，一个更擅长想象。他俩一定得有区别，这个组织就是想利用他们各自的优势找到那个东西。

小说里还有一个很有趣的设定，这两个去执行任务的人是一男和一女，这不是为了让他们相爱，而是为了体现出男的和女的在各方面的不同之处。他们各自擅长什么？男女之间在心理上有怎样的差异？因为不同，他们或许能够互补。

我想讲的是，他们是怎么在这个过程中慢慢找到对方的。他们知道有个人和自己一起进来，也知道有个人在和自己找同样的东西，但是他们不知道对方是谁。这中间还有一些别的人，有很多非玩家角色，也就是 NPC。还有，他们之前是见过的，我其实也没想好该让他们过去有什么样的际遇。也许有两种可能，一是他们有一面之缘，这种情况比较巧合；二是他们曾经有很深的交情，只不过那个组织并不知道。

他们穿越回到那个年代，会取代那个年代所在时间线上的真实的自己。进入那个时空之后，他们会慢慢了解到一些事情，最终将很多事情联系起来。

其实刚才写的这些都是我突发奇想的，也不是之前就计划好的。

不过，我还是觉得组织并不应该知道所有的事情，他们可能是被操纵的。对！一开始是组织给他们洗脑，因为不想让他们互相认识。组织要确认他们互不相识，因为组织想利用这一点，让他们两个人产生竞争。

所以为了完成任务（可能也有受到恐吓的原因），他们都怕另一个人先得到那样东西，他们会提防对方，于是就要设法找到对方，阻止对方，消灭对方。也可能是一个人想要消灭对方，另外一个人却想和对方合作。这样可能会更奇怪，也更好玩。

瓦瓦

把你的秘密放在他们够不着的地方

把你的秘密放在他们够不着的地方

把你的私密放在他们够不着的地方

瓦瓦：

这张又是一组图的中间那张，所以没有桥墩，叫作《把你的秘密放在他们够不着的地方》。画面中画了三样东西：

画面的上部是一个巨大的热气球卡在南京长江大桥的钢梁上，鼓鼓囊囊的气球从钢梁的镂空部分挤出来，气球下的吊篮悬垂在半空中。

画面最下部的江面上有很多漂流瓶，瓶盖塞着，里面有书信。这里画的江水的风格很奇怪对不对？那是先用石膏倒出来，然后再进行拓印而成的，我把它故意处理成又是水面又是戈壁滩的感觉。

画面的中部——也是在江面上，有着非常奇怪的东西：左右都长了仙人掌，这影射了缺水的沙漠环境；而中间是一个半透明的塑料袋，一丛带叶子的灌木从中隐隐透出来；这个塑料袋上方扎着口，左右两个下角处分别有一个向下凹陷的坑。塑料袋之所以是半透明的，是因为那里面有水汽。

那个时候爸爸在南京长江大桥上救人，经常在想人的生存问题。在最艰苦的环境中，人总是在艰难求生。我阅读了很多户外生存手册，其中尽是教人在野外生存下去的办法。比如在沙漠里面如何获得饮用水，其中一个办法就是在一株植物的周边挖一圈水沟，然后用一块塑料布罩上去，把周围压实，让水分无法逃逸。白天，太阳的烘烤使植物里的水分蒸腾，到晚上天凉之后，水分就会凝结在塑料布上，然后顺着塑料布的内壁流淌到这些小沟里面。这样，第二天早上旅行者就可以获得饮用水了。

如果说水分是藏在植物身体里的秘密，那么这个用塑料袋蒸腾取水的办法简直就是一种严刑逼供，非要榨出植物的秘密。但是植物会努力保护自己的水分，因为那是它们的秘密；它们甚至长出刺来，免得羊驼和牛羊来啃咬它们。所以，每个人都应该学习做一株仙人掌。

以前有个故事叫《国王的鬼耳朵》，大概说的是国王长着鬼耳朵，理发师给他剃完头之后，他就会问人家看见了什么，理发师只要说看到了国王长的鬼耳朵，他就会把人给杀掉。有个聪明的理发师回答说："我什么也没有看到。"国王就放过他了。结果他被心中藏着的这个秘密折磨得要死，于是找了一个树洞，朝着这个树洞大喊："国王有对鬼耳朵！"后来这棵树上长出树叶，小朋友摘下来一吹，发出来的声音就是这句话——"国王有对鬼耳朵！"这个故事说明：保守一个秘密，可能是一件很痛苦的事情，但是我们不得不承受它。

有时候，我们需要和他人交流对话，我们甚至把信息丢进漂流瓶里面，去寻找远方的交流者。但是，那些我们愿意对漂流瓶说的话，可能并不想告知身边的人。世界上有很多事情是不足为外人道的。秘密之于一个人，就如同水分之于植物；一个人拥有了秘密，才拥有了尊严，才得以成为独一无二的人。因此，我们交流，但不必要求彻底的理解。别人所不能或不愿理解的，我们把它当作自己的秘密存起来，存在他们够不着的地方。

因此，我们既要尊重他人的秘密，更要尊重自己的秘密。怀揣着秘密，也同样可以做一个坦荡的人。甚至于，如果不能保护好秘密，我们也没有能力去做一个坦荡的人。

爸爸

爸爸：

这个说法我太同意了。你画的漂流瓶，QQ 上就有。你讨厌谁，不可能跟身边的人说，因为他们很容易将这些话传给你认识的人；但如果你找一个网友，跟她说一大堆你讨厌谁的话，就完全没关系，因为她根本不认识那个人。

剧本杀里面就有很多秘密，而且每个人的剧本里都有秘密，你需要保守这些秘密。每个人的剧本都是不一样的，你不能看别人的剧本，你不知道别人有什么秘密，你只知道自己的秘密。你需要做的就是拼命保守自己的秘密，然后在别人的话里找到破绽，破解他们的秘密，然后再利用他们的秘密，或者其他任何信息来伪装自己——偷换概念，保护秘密。

在玩剧本杀的时候，我几乎每次都能将秘密保守到最后，哪怕有时候已经玩了五个多小时。我要是再不自首,就会影响接下来的课了。所以最后我只能自首，然后直接离开。

瓦瓦

瓦瓦：

你有没有想过，为什么在这个时代剧本杀会流行起来呢？是不是因为我们这个时代是一个特别没有秘密的时代，于是大家就特别热衷于体验保守秘密和破解秘密的游戏，或者是在这样的游戏中磨炼自己守护秘密的能力？

你想一想过去的时代，人跟人之间有多少秘密啊，每个房子的门后面都有好多秘密。现在是大众媒体的时代，大家都看一样的电视，浏览一样的互联网信息，都变成了差不多的人，而且还有很多监控，很难有什么秘密。

所以，你们在剧本杀里面体验的是什么呢？仅仅是在体验犯罪和破案的过程吗？或许也是在体验重新变得神秘的世界吧。

爸爸

爸爸：

我们的现实生活其实也不是你说的那样，像微信聊天这种的就都是“深网”。你知道普通的互联网、深网和暗网吗？暗网是一个非常恐怖的地方，而我们的聊天记录或者某个人的朋友圈就属于深网。其实深网里都是秘密，比如你和另外一个人聊天的时候说了一些暴力血腥的话，这就不会有人知道，除非他举报你。所以这个时代的人与人之间还是有秘密的，只不过这个秘密已经被数据化了。

剧本杀的流行，我觉得是因为我们不会去犯罪，也体验不到犯罪者的心理，而在游戏里就可以体验一把犯罪的感觉。它有点儿像秘密守卫战，很神秘，破解真相的过程很好玩。有的剧本杀一玩就是一天一夜，你得沉浸在那个世界里，去那种实景里住一夜，晚上还会有人跟你说悄悄话之类的。剧本会告诉你半夜几点去找哪些人、做哪些事情（比如吃饭的时候要故意去某个地方偷偷摸摸地干些事情）。这种叫实景剧本杀，玩一次好几千块钱，我可玩不起，而且我玩那个估计会把自己吓死。

其实我不太会玩剧本杀，因为我会拼命保守秘密，并不会为了推动剧情而适当暴露一些秘密。所以剧情每一次都在我这里卡死，最后主持人只好说：“你快点儿说一些你的秘密，否则我们就没法儿玩了。”然后我就只能泄密了。

在这样的游戏里面，我们不得不接受一个事实：谁都有秘密。你唯一能做的就是保护好自己，然后找出别人的破绽，才能赢得游戏。

玩剧本杀的时候，我属于那种不会说一句真话的人，但在现实生活中我还是比较诚实的。只不过在有些需要耍点儿小聪明的时刻，我又怎么能不耍呢？

瓦瓦

用你的耐心战胜冷漠

用你的耐心战胜冷漠

困你的敵心義勝冷漠
困你的敵心義勝冷漠

瓦瓦：

这一张《用你的耐心战胜冷漠》又到了右边有桥墩的构图了。这张画上的情节很完整：波涛翻滚的长江水面上有一个像是爱斯基摩人的冰屋的东西，那是用凸透镜搭建起来的小屋，是爸爸2009年的一件装置作品。小屋的直径是四米，而每个凸透镜的焦距都在两米处——所有凸透镜的焦点刚好都落在小屋的中心。也就是说，如果把这个小屋放在阳光下面，在其中心放一块煤，这块煤很快就会燃烧起来；如果放一块冰，这块冰很快就会融化。我把它叫作“化冰之屋”。那年爸爸还做了另外一个玻璃的小屋，是用物理课上教学用的三棱镜做成的，把它放在阳光下面，里面会充满彩虹。

在这个画面上，小屋的中间是一块冰，冰里面冻着一个三棱镜；阳光通过凸透镜聚集在冰块上，正要融化那块冰。我在那里写了一行小字——“一定要解放彩虹”。

小小的你站在这个小屋的顶上，只露出背影。你手中举着两根长长的铁杆，铁杆的顶端是你的两只小手，它们托着两根蜡烛。蜡烛上方升腾的烟雾在大桥的钢梁之间穿行、环绕，烟雾中还隐现着一个铁锁和一把钥匙。小小的你，顶着两根这样长长的杆子，很像是在玩某种杂技；还要让蜡烛来控制烟，再用烟来控制钥匙插入锁孔打开锁。这个难度，有点儿像拿长长的筷子夹着一根针和一根线，要把线穿进针孔里面，实在是需要极高的敏感度和极强的耐心才能做到。

烟雾继续向上升腾，我在画面的最上方写下了这张画的标题——《用你的耐心战胜冷漠》。写了两遍。

瓦瓦，“耐心”之所以会被我抬高到这种程度，是因为我自己实在是一个太没有耐心的人！我这个人特别容易着急，当谈话对象反应慢或者不努力、不争气的时候，我总会觉得是在浪费时间。主要是因为心疼时间、追求效率，我就会变得急躁起来，经常跳出来指责和“碾压”对方。尤其在当了老师之后，我就更加理直气壮，以为这是对学生好。但这种急躁其实是无效的，往往只能招致冷漠的回馈，从而直接导致教学效果不好。你不能指望在粉碎对方的人格时，还要求对方振作呀。作为教师，我需要经常反省自己，我给自己写了好几条“教学风格备忘录”，比如：

“不要炫耀自己的博学，要注意观察学生的接受能力。有时候，你觉得对方理所当然应该知道某些知识，不知道简直太不应该了，结果造成知识碾压。让学生自卑反而不利于他们的学习。”

“当对方的错误只是程度上的，可以用归谬法，用探寻的方式去解决。不宜直接拍死。”

“当对方不可理喻或故意胡搅蛮缠的时候，你要使用幽默……”

当你有耐心的时候，你才是一个关注对方的交流者，你才能真正传递出一种交流的善意。这种善意会散发出鼓励的能量，使你交流的对象容易亲近，让他们不再冷漠。所以做一个温暖的人是很重要的，对他人温暖，就是对自己温暖。

所以，这三十张画形成的三十封“信”，既是对你说的，也是对别的孩子说的，又何尝不是对我自己说的呢。最需要用耐心来战胜冷漠的，其实就是我自己呀！

爸爸

爸爸：

人类文明又在别敏星生存了一个世纪之久，可是足以毁灭一切的陨石即将砸到这颗和平的星球上。现在人类唯一的生存方法便是迁移到其他可以居住的星球，可是当初帮助人类来到别敏星的那个发动器早已丢失，让人类变强的技术也被遗忘了。

别敏星的政府想出的唯一办法便是找回那项技术。科学家们提出了一个方案，通过完全复原当时的场景，再让真实的人进入那里，由此找出那遗失的技术。复原当时场景利用的是别敏星上极细致的全球布局扫描系统，只要把当年储藏的文件激活，便可进入那时的场景。

方案确定后就开始选人了。最终选定了一男一女，他们互相并不认识，并且会在任务完成后被消除记忆。

当然，结局是他们成功地带着需要的技术回来，然后人类就得救了。

我只是想简单记录一下这个短短的故事构思。它算是我比较喜欢的一个想法，所以我想把它画下来，再配上这简单的几封信。

瓦瓦

他们所说的未来只是空中楼阁

他们所说的未来只是空中楼阁

他們所說的未來只是空中樓閣

瓦瓦：

从这里开始，后面三张都是关于时间的。这张关于未来，下一张关于现在，第三张则关于过去。

关于未来的这张，画面上半部分的大桥那里有一个像螺旋塔一样的结构。它是现代艺术史上重要的作品，俄罗斯先锋派艺术家塔特林的《第三国际纪念碑》。

苏联刚刚建立时，共产国际想为自己建一个纪念碑，这个纪念碑计划有埃菲尔铁塔的三倍高，但最终并没有真的建成，只是一个模型。当年埃菲尔铁塔建成的时候，就已经是当时世界上最高的建筑了。那时，人类对未来充满了乐观的想象。建造埃菲尔铁塔所用的技术，需要大规模地生产钢材和精确掌握钢铁结构的力学规律做支持；建造这样的巨型建筑，需要整个社会精密的管理和协作。这样的建筑是理性主义的结果。而《第三国际纪念碑》把这种乐观主义推向了极端。那个时候，人们相信只要依靠科学和理性，就能够建构起完美的未来，在这样的对未来的想象中，人类将越来越走向文明，明天总是会更好。

这种进步的意识和乐观主义，很大程度上是受到了达尔文生物进化论的影响。所以画面的下半部分，我画了从水面斜着伸出的传送带，它不断地把水里不同的海螺输送上来，抛到空中。那些海螺的造型各有不同：有的海螺扁平一些，像是鲍鱼，有的海螺胖一些，像是蜗牛，有的长得瘦长变成了钉螺，还有一些长着尖刺——那是物种为了适应不同的环境而发生的演化。从“演化”到“进化”，一字之差，达尔文理论被搬来理解人类历史，就表现为社会进化论。从此之后，我们才开始觉得，有的文化比其他文化更进步、更高级。

但是我总觉得，这种想法要是走向了极端，会非常可怕。自以为看到了未来的人，会非常理直气壮，他们会信誓旦旦地向其他人描述他所想象的未来，深信那就是未来必定会呈现的样子。如果别人不信，他就会觉得别人落后，就要以“先进文明”的名义去消灭“落后的”文明。瓦瓦，人类世界中的很多灾难，都是这样发生的。所以，人们口中那些必然会出现的未来，都是猜测，都是空中楼阁。未来是我们想象出来的，这样的想象仅作为蓝图而存在，有时候会实现。

古代的中国人，或者说所有的古代人，都并不是眼睛只盯着未来的。以前中国人觉得，凡是过去的东西都更好，古代的东西是“古雅”，热情的人叫“古道热肠”，但凡出现“古”字，通常是褒义的。最好的时代是“上古三代太平盛世”；今天如果出了个好领导，我们就说他是“今之尧舜”。古希腊的人其实也这样想：最好的是黄金时代，然后一直堕落，变成白银时代、青铜时代、黑铁时代，越来越糟糕。古代印度人把时代分成五个吠陀，也是说过去好而现在变糟糕了。

爸爸在德国汉堡曾经组织过一个集体参与的行为艺术，我们一大群人在大街上倒退着走。人在退着走的时候，眼睛会盯着逐渐变远的景物，将其作为参照，每一步都小心翼翼地用脚后跟试探；人会变得更谨慎，身体的敏感性会提高到极致，也会不由自主地扶住身边人的肩膀。这大概也是古人在历史中前行的方式——眼睛盯着想象中美好的过去，倒退着往前走。

爸爸

爸爸：

我觉得你所说的空中楼阁般的有关未来的描述，有点儿像 Dreamcore，梦核。

你知道梦核吗？它现在已经发展成了一种穿衣风格，但它原本的意思大概是：以前明明非常熟悉的东西突然变得陌生，使你非常害怕；还有一种情况是：你明明是第一次见到某种东西或某个场景，却觉得似曾相识，好像以前发生过，也就是 *deja vu*。梦核风格的图片差不多就是你这张画的风格。那些图片会让你感到非常熟悉，但看着感觉很可怕；它可能是某个室内的空间场景，然后突然间变得很陌生、很奇怪。但是每个人的感觉不一样，有的人会觉得某张照片看起来特别眼熟，有的人就不会。这可能是因为每个人做的梦不一样，有些场景或许都出现在人的梦里。像学校的楼梯间，就经常出现在我的梦里，我不知道为什么总梦到学校的楼梯间。那个画面，明明我以前见过，可是它突然变得那么暗，就会让我感到很可怕。这就是熟悉又陌生——本来很熟悉的东西突然变得陌生了。

我觉得那种能够吸引大家的未来，好像也是这种东西。那些有关未来的描述好像是曾经在你的梦中出现过的场景，所以它就又熟悉又可怕。

瓦瓦

瓦瓦：

你给我看的那些“梦核”的图片，有点儿像比利时画家马格利特的画。20 世纪 30 年代的超现实主义者大量探索过这类图像，如今它们在流行文化里重新变成了吓人的东西，好玩。但它其实不复杂也不神秘，专业选手能破解它的机制，我可以教你如何制造这类图像。“白日梦”的感觉是有特定视觉特征的：废墟和植物，孤立的房屋和无人的场景，色彩褪去，漂浮，光晕，反比例的强制透视等等。

不过你能提到描述中的未来和“梦核”之间的关联，这一点却是十分敏锐的。不管是未来，还是“白日梦”，大家都会感受到神秘的吸引力，这可能跟某种无意识有关。比如瑞士心理学家荣格会说这就是一种集体无意识，是一种“原型”。

某种程度上，算命先生可能是在提供一种心理治疗；人们对不确定的未来太恐惧了，他为人们描述未来，使未来拥有那么一点点确定。而未来学家掌握了部分数据，也研究了人类的集体无意识，所以跳出来为我们搭建这座叫作未来的空中楼阁。这座楼阁从矗立伊始，就时常飘进人类的梦里。

爸爸

爸爸：

可还是会有不确定性。其实我感觉算命先生说了我反而更害怕，因为他们说了我就会听见，还得关注他们说得到底对不对，这让我更焦虑了，哈哈。

那些未来学家的预言呢，如果是有科学根据和切实证据的预言，我会信；但如果是算命先生随便说了一个什么预言，我死也不信。

现在很多证据都证明人类的科技会继续发展，我就选择性地相信呗。未来不都是规划出来的吗？比如我可以规划明天做什么，到底要交哪些作业，哪些作业可以选择性地迟交一些。不可预测的事情怎么办？一般来说，我们班同学都会算计好哪个老师会查作业，哪个老师不查作业，但如果某个老师突然要查作业，我们也没办法，只能说把作业忘在家里了。

而且我觉得算命先生和未来规划师还不一样。算命先生说你的未来就会这样，规划师则是告诉你未来可以这样，这样会使你的生活变得更好。如果说人类必须得相信科技的话，那么它一定不是一个预言，它是一个推测、一个规划。预言是神乎乎的，比如会说你明天就会被杀死，你会掉在水里淹死。这不是推测，这是无凭无据的。

我感觉我可以把这个想法放进小说里。

家瓦

瓦瓦：

你说得很对，未来规划师和算命先生略有不同。未来规划师说的是你的未来最好这样，他们就是想让未来往他们说的那个方向走，他们可能觉得那是最好的。

算命先生的预言在理论上是没办法影响未来的，是吧？但规划是可以影响未来的，有人往这方面规划，有人往那方面规划；信不信、采纳或不采纳，我们本来是可以选择的。

但可惜，人们去找算命先生的时候多半是在找一个规划师，或者需要为自己的规划找到一个可以预判的专家；而规划师们为了自己的规划被人们采纳，也经常变成一位算命先生。

还有一个有趣的事情：算命先生也经常不满足于只告诉你必然性，他有时候会给你一个护身符让你戴在身上。这就是预言的悖论了。护身符这么一个可穿戴的装备，真的能让人避免明天被水呛死吗？如果那些不幸是可以避免的，结果是可以修改的，那还是一种必然的预言吗？

或者不是护身符，而是祈祷这个动作——越相信命运的人越不应该祈祷才对！

按照这个思路再思考下去，究竟是必然性更强大，还是神更强大？如果神对必然性无可奈何，他又怎么能算神呢？

这真的值得写小说。写算命先生和规划师之间的竞争，以及一个人如何在算命先生和规划师之间变来变去。

爸爸

不要尝试离开现在

不要尝试离开现在

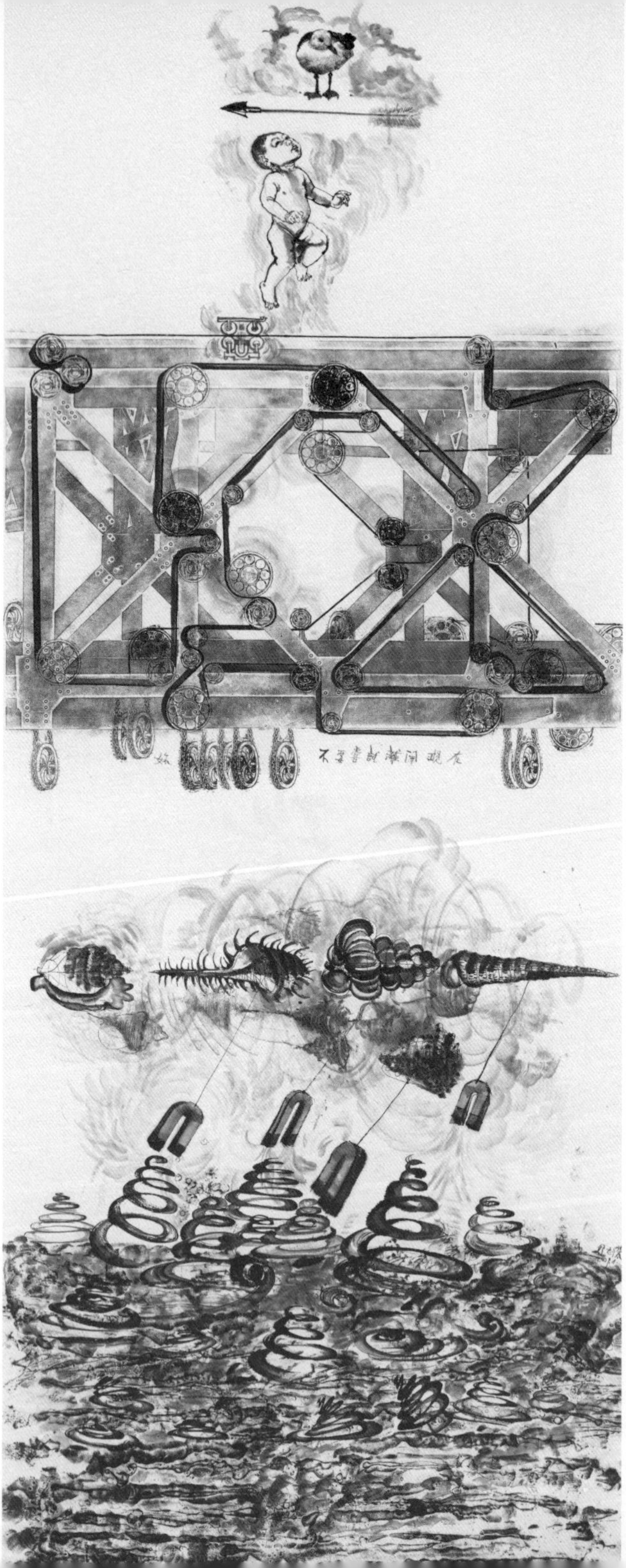

瓦瓦：

你还记不记得在你小时候，爸爸的工作室里面有一座你的裸体小雕塑，抬着头微微张着小嘴。那是你百天时候的样子，你还和这座小雕塑合过影。

那座小雕塑，是爸爸用在2009年尤伦斯当代艺术中心的大展正中央的一件装置。那件装置上有一个奇异的结构：两辆小车通过两个磁铁互相吸引着，小车的轮子是可以滚动的，这样传送带就可以从轮子之间穿过（我在这张画的上部画出了这个装置的结构图），而站在这个装置底座上的你就可以纹丝不动。这很像是一个人站在原地，底下的道路不断跑动，但人并没有被道路带走。这个装置的标题就叫“芝诺”。

芝诺是古希腊的哲学家，有人认为古希腊的这些智者本身也是诡辩学家。这个古希腊的怪老头提出了一些非常有名的怪想法，被称为“芝诺悖论”。比如世界上跑得最快的阿基里斯也永远追不上乌龟，即“阿基里斯悖论”；又比如飞在空中的箭矢是静止的，即“飞矢不动悖论”。“飞矢不动悖论”的核心在于否认运动的存在，因为这支箭在每一个具体的瞬间都只占据空间中的一个固定位置，而时间是由一个又一个这样静止的瞬间构成的。他借此想要论证运动是不可能的，而后代的哲学家们提出了很多想法来否定“芝诺悖论”。

所以在这个画面里，我在大桥的钢结构上安装了很多滑轮和传送带，它们构成了一个在你脚下滚滚而过的时间河流。但是你从这个传送带上跳起来，悬停在空中，你的头上也悬停着一支箭和一只鸟，那只鸟并没有张开翅膀飞翔，而是站立在空中。你们看起来就像在空中凝固了一样，脱离了时间。

而在画面的下半部分，从上一张画里飞出来的海螺不断地沿自己的轴线翻转着，有的海螺我故意没有画全，让里面的螺旋结构暴露出来。海螺旋转时，似乎在前进，又似乎在后退。一些海螺垂下磁铁，而下方——长江江面上的旋涡就像螺旋形弹簧一样受到磁铁的吸引，向上跃起，似乎要跳出长江的江面。江水也是时间的隐喻，孔老夫子就说过“逝者如斯夫”——河流从来都是时间的隐喻，正如梦总是人生的隐喻。

芝诺的想法是用一个又一个“现在”之间的断裂性否定时间的连续性，这个脑洞实在是非常清奇。但其实人在生活中确实时常会产生一种否定现在、否定此刻和当下的倾向。人们要么是沉湎于过去不能自拔，要么是投身于对未来的狂热想象不能自拔，总是忘了好好体验当下的时间。我们总会有一种倾向，把每个当下都用来准备未来，咀嚼过往，反而忽视了当下；但人们一旦要努力体验当下，又会变成另一种极端——“活在当下”变成了及时行乐，变成了丢掉价值观和想象力的任性胡闹。

在我们的思想史里面，还有另外一些对“当下”和“现在”的认知值得一提：德国哲学家尼采说“永劫回归”——过去和未来的历史都在此刻的当下聚集；日本禅宗说“一期一会”，意思是说每次一起喝茶的人其实不会再重现了，生命无常得很，所以要珍惜互相之间的缘分，要认真对待每一个瞬间。人们处于什么因缘下，由各自的过去所推动，成就一种遇合。这种想法带着一种感伤，不算豁达。

仔细体验“现在”这个词，它是很有意思的。我喜欢这个词，它比“目前、眼下、方今、当前、今朝、如今、此刻、而今……”这些词都要好。我想我是喜欢“现在”这个词的动词感。“现”是此刻，也是展现、彰显、显形，“现实”（reality）就是“实现”（realize），就是“使……成为现实”，使虚的变成实的；而“在”就是“去存在”，它在甲骨文中的字形意为“草木萌发于地面”。

“现在”就是：就在此时此刻此地，勇敢地去展现自己的存在。这个词有一种行动力和创造感。对于每时每刻的遭遇，不管它多好或多坏，我们都泰然任之。我们展现生命力，创造自己此刻的存在。把此刻活得凝重，活得有声有色，活得勇敢无畏，从而使过去获得了意义，使未来得到了开拓。

不要尝试离开现在，而是在现在通过创造的行动开拓存在，实现存在的价值。承受现在的苦痛和激烈，也承受现在的希望与想象。

我们不需要以主观意愿去改变客观存在，因为正如李白所说“抽刀断水水更流”，不需要像芝诺那样否认现在与过去和未来之间的连续性，也不需要用过去和未来轻视现在，逃离现在。我们更不能既不承担过去也不承担未来地“活在当下”，而是要用当下的行动创造出“现在”，通过“现在”的行动，重新发掘过去，以及建构未来。

这封信带点儿哲学意味，不知道此刻的你能否读懂。没关系，不行的话，过几年再回这封信吧。

爸爸

爸爸：

一个成功人士，当然会想把生命中的每一刻都用来创造活着的意义，但有时候，就算在家里无聊地待上一整天，也可以是快乐的。及时行乐不一定是没头没脑地傻玩，也可以是放下负担，暂时享受生活。

下面是一段妈妈写的短文，里面虽然没有像你的文章里那样讲述大道理，却是一种“及时行乐”：

“她一生气手就伸得老长，房间最后一缕光变成沙散落在地上，黑色的影子皂黯弥漫，变换形状，散发着扑腾腾的味道、焦炭的味道，一会儿变成蝴蝶飞出窗口，她拿扫把扫，拿掸子掸，爬上爬下，搬来搬去，她要把每个影子都扫干净，包括自己的，她把它扫成一堆，趁它没有扑腾成蝴蝶之前，她压上一块石头，石头的影子她也不放过，她继续拿扫把扫……现在好了，每一件家具的影子都堆成了一座小山，黑色的碳素的小山。她坐下来呵呵地笑着，手也没那么长了，呵呵地笑，笑声闻到了扑腾腾的味道，她马上再压上一块石头，她对小山心满意足，就睡着了……不知道什么时候天亮了，蝴蝶飞回来了，又扎在影子里，在相反的方向上投射。她醒了，有点儿恼羞成怒，来不及抓抓头发，她拿扫把扫，拿掸子掸，爬上爬下，搬来搬去，一刻没停歇，她嘴里念叨着‘一刻没停歇’……她把所有的亮光扫到一起，亮光堆成小山，一座一座，很高很高，比家具高，比电器高，她拍了拍身上的尘粒，手真的没有那么长了！”

家瓦

你要时常回到过去

你要时常回到过去

你要時常回到過去

瓦瓦：

你喜欢写科幻小说，科幻小说时常是关于未来的。我最喜欢的科幻小说中的一个门类是“或然历史”。我们都熟知已经发生过的历史，但是历史在每一个节点总是既可以往左边走，也可以往右边走，有着多种多样的分叉。我们从一个个的岔路口走过来，走出了一条历史，变成了我们的现实。但那些我们并没有去尝试走一走的其他的岔路呢？那些潜藏在可能性的世界中的，在可能的世界中存在，但并没有真实发生的历史，就是“或然历史”。

我们要时常访问这种或然历史，时常回访一个又一个的历史节点。这种回访会让我们意识到，我们今天的这个状态，并不是唯一的可能性，它只是无数选择中将错就错形成的结果。或许在历史的某一个节点上，如果我们做出了别的选择，我们今天的生活会更好。其实一个国家、一个民族的历史，甚至整个人类的历史，也和每一个人的个人史是一样的，都是历经九死一生的。

英国的历史学家汤因比写过一本《历史研究》，他列举了人类历史上出现过的二十二种文明，其中大多数文明都衰亡了，中断了，消失了，只有中华文明九死一生地延续了五千年。有的人认为中华文明有着神奇的魔力，永远都会卷土重来，老而不死，于是叹为观止。其实我不是这样想的。我觉得中华文明就像一团火焰，这团火焰，在历史上也遭遇过很多灾难，只是幸好不断有人挺身而出，来延续这团火焰。如果有一天我们麻痹大意了，不再记得要时时给它添柴加火，那这团火焰也有可能会熄灭。一个国家、一个民族的历史，能够走到今天这一步，其实都是偶然。

所以才说，“欲灭其国，先去其史”，时常回到过去，就是重访历史。我们要时常回到过去，就是为了重新出发，重新梳理。那些在想象世界中存在的“或然历史”，永远是对我们今天的现实的一种审视。

所以在这个画面里面，磁铁吸着铁粉，让左侧沙漏中的铁粉往上飞升，时间倒流。画面中的三个小小的你，都拽着一根绳子，似乎要把绳子拆开。每一根绳子都是由很多小丝线拧在一起形成的，很多小绳子拧在一起又成了大绳子，就像你编的小辫子一样。把一根绳子拆开，重新变回丝线，就是在回溯历史。其实这个拆开的动作，就是我们常说的“解析”。我们的过去，是一种非常容易结壳的东西。过去如果结了一层壳，它就会变成一块石头，压在我们的身上。

但是即使是石头，也是有缝隙的。汉语词“道理”中的这个“理”字，就是指玉石的缝隙。我们把一块玉泡在有颜料的液体中，这些颜料就会顺着玉的裂纹渗透到里面去，“理”左边那个偏旁其实是

“玉”不是“王”，“理”就是玉的内部的纹理。回到过去，也是在重新追溯道理。

其实，按照道理来，很多发生过的故事是可以修正的。人生的路走错了还可以设法回到某些节点重新尝试。就像电脑操作，有时候是可以撤销的。

历史学家说要把可能性还给历史，同样我们每一个人，要把可能性还给我们的过去。

爸爸

爸爸:

我暂时还没有什么过去，学习历史是因为说不定哪天会需要用它来预判以后的事。所以你说的回到过去，难道不就是为未来做准备吗?

之前我听过一个说法，说上完高中以后需要忘掉很多学过的东西，因为那些东西不会对未来的工作有任何帮助，忘了它们，大脑才有容量学习新的东西。所以有很多人可能是故意把历史给忘了。

在我的那个故事中，人类本来挺强，后来衰败了，现在想要找回让他们变强的那项技术。那项技术他们曾经拥有过，后来不重视就遗失了。这跟你说的“要时常回到过去”是一样的吗?

其实我的重点不是那项失传的技术，而是寻找失传了的技术的技术，有点儿类似今天的考古。他们每隔一年就会扫描一遍那个地方的每个细节。在这个城市里的人，他们的生活每时每刻都被扫描着，监控着。每年扫描一次，就形成一种和考古坑一样的一层一层的数据模型。人类会进入扫描建成的模型里，然后在模型里再寻找那项失传的技术。

你说把可能性还给历史，意思是历史可以被改写吗？还是说把历史节点当成游戏里的复活点？很多游戏里都有一个复活点，比如说你打到第三关“死”了，下次还是可以从第三关开始；或者你已经打到四十多关了，也可以回到第三关重新往前打，你会触发其他的剧情。在游戏里需要跟随剧情走，不同的剧情有不同的分叉,就相当于在进行一个模拟的人生。如果备份了，就可以回到人生中的某个时刻，再重新经历一下那一刻，或者改写那个时刻发生的事情。这是游戏的有趣之处，游戏里可以有无数种剧情，可是真实的人生你只能体验一回。

我知道一个游戏（我没玩，听同学讲的），它就像真的人生一样，画质特别好。在游戏里，你可以选择出生的身份，然后会有个人带你走剧情;你的每个选择，你选择说出的每一句话都会影响你以后的生活。这个游戏分不同的故事线，你可以重来很多很多遍，每一遍都可以做不同的选择，可以和不同的人产生浪漫关系，过完全不同的人生。

我觉得这个游戏还挺好的，要是玩过这种游戏，大桥上的人也许就不会轻生了。他们可能觉得人生这个游戏玩砸了，却不肯再去找那个复活点。我觉得真实的人生也一定存在复活点。他们有可能是这样想的：死了之后就可以再重来一遍。就像在游戏里，你游戏结束了，那就再来一局。

瓦瓦

你要成为世界的弹簧

你要成为世界的弹簧

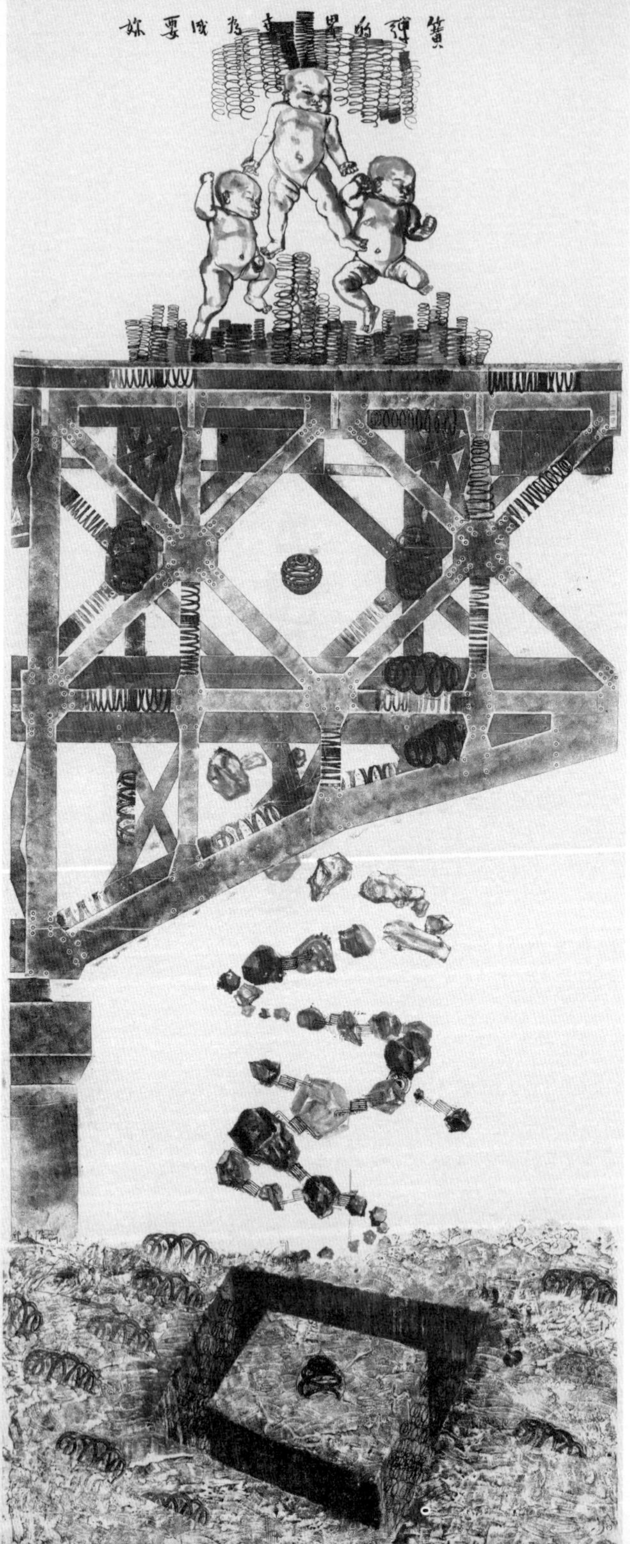

瓦瓦：

“你要成为世界的弹簧”，这真是一句挺让人莫名其妙的话。这张画，也够让人觉得莫名其妙的。

你看画面中，大桥之上，三个你的形象在蹬腿，把上面和下面的弹簧顶得紧紧的。我一定是见到刚满月的你有力地蹬腿，才想到这句话。你小时候胖嘟嘟的小腿蹬起来，身子一绷直，可有劲儿了。

我把下面的大桥钢梁上的不同的部位都改成了弹簧。弹簧有好多种，圆柱的、球状的、椭圆球状的，这些钢梁上的弹簧设计源自我在南京长江大桥上很直接的身体经验。每当大桥上有火车开过，整个桥身桥面就会在轰鸣声中颤抖。钢铁桥梁有了弹性，才不会折断。

画面下方的长江江水中出现了一个方形的空缺，这个空缺又被一个小一点儿的水构成的正方体填充着；两块水体之间的空隙里，也挤满了弹簧。江面上还有很多平卧着的弹簧，它们的一半没入水中，乍看起来像是浪头；浪头在水中互相推来推去，很像弹簧受力挤压后反复伸缩。河道宽阔的时候，水体对两岸堤坝的压力就小；河道狭窄的时候，水体对两岸堤坝的挤压就会增大，水的流速也会提高。整个江水水体对两岸的堤坝来说也是一种弹簧。夏季洪水爆发，冬季河干水枯，河流的涨落更是像弹簧一样张弛交替。我常说“水体”，也喜欢画“一块水”，这绝对是源自在南京长江大桥俯视江面上的船的经验。长江上有很多运煤船和挖沙船从大桥下面过，船吃水深，船沿离水面很近。船未载物的时候，船中间就是一个巨大的矩形空间，等于是一个空白的坑，船把江水排开、推开、挤开，江水也就随之避让出一个空间。我对这个感觉如此着迷，后面还有一张画是与此有关的。

画面上下之间，有一些石块（或冰块）呈螺旋形上升，它们互相之间也由弹簧牵连着。这时候弹簧不是挤开空间，而是把东西铰扭在一起。这些散落的单位聚合成螺旋形的形象，当然隐隐地指向DNA双螺旋。

弹簧的核心是弹性。刚才说到，大桥的钢梁是有弹性的，火车经过的时候要抖一阵子，有弹性才不会折断。超高层建筑——埃菲尔铁塔之类的，最上面的部分都要能在风中摇摆，摆幅得有一两米。只不过高空中没有参照物，我们感受不到。要是没有弹性，高楼也会折断。中国人对此认识得很早，《后汉书》中说“峣峣者易缺”（细高的东西容易折断）；更早的认识大概是从老子的《道德经》开始的。功夫电影明星李小龙是华盛顿大学哲学系毕业的，他很会用咱们东方的哲学。他在谈及自己对功夫的理解时说：你把水倒进杯子，它就变成杯子的形状；你把水倒进茶壶，它就变成茶壶的形状。做人如水，这就是老子所说的“上善若水”。

弹簧的功能是避免硬碰硬，但弹簧还有自己的恢复力。它的弹性变形中储存着机械势能，如果被扭转，它恢复的时候就会释放出扭力。所以弹簧既顺应压力，也抗压；它有弹性，但也有自己的幅度。

人们通常选用特种弹簧钢来做弹簧，但其实很多材料都可以，橡胶、塑料、陶瓷，甚至空气。我们家的车上就装着空气弹簧。

那些选择轻生的人，如果有一点儿弹性就好了。

再来说说“缝隙”。那些硬碰硬的东西之间得有缝隙，才能把弹簧装进去。很多东西我们看着没有缝隙，就觉得它们没有弹性可言，但那只是因为我们的眼睛不好；放到足够大的时候，你就会知道，细胞和细胞之间有缝隙，原子和原子之间有缝隙，电子和电子之间的缝隙大得很，电子与原子核之间的缝隙是原子核直径的十万多倍。所以卢瑟福画了一个行星模型，电子推开电子，原子核揪着带负电的电子不放的电磁力，都是一种看不见的弹簧。

所以，这个世界有的是缝隙，这个世界到处都需要弹性。所以，你要看到世界的缝隙，你要成为世界的弹簧。挤压你，你可以弹回去；拉伸你，你也可以弹回来。

爸爸

爸爸：

你说的弹簧可能涉及缓冲区，就像两个不同的意见之间的过渡。两个地域之间的边界处就可能存在一个过渡地带，一个缓冲区。比如说，两个国家中间的一条河就是过渡地带，但这条河中间不再有缓冲区；从这条河的中间分开，这边是瑞士，那边是法国。两个国家被一道铁丝网或者一条沟、一堵墙隔开。这时候就得有人从中协调。

做世界的弹簧，可能就是要去制造这样的缓冲区。就像古代有些大臣一直在缓解某些矛盾，但其实真正去缓解各个国家之间的矛盾的人也没几个，他们大部分人都是只管自己的国家，一旦起了冲突就会引发战争。

但是，太有弹性了岂不是就没有规矩了？

生活中什么样的人是没有弹性的人呢？比如我们有的老师就真的没什么弹性。之前我有一次数学考了不太理想的分数，完全是因为不小心造成的失误，我找老师理论了半天，还做了一大堆特别难的题，老师才被我说服，让我重考了一遍。哈哈，其实这么说来那个老师也算是有弹性的。

我老爸也还行，也挺有弹性。不过对你的学生来说，你可能一点儿弹性也没有。

家瓦

不要相信天长地久的誓言

不要相信天长地久的誓言

不要相信天长地久的誓言

瓦瓦：

写这封信的时候，爸爸相当犹豫，究竟要不要告诉你真相和实话呢？这对才十三岁、还没有过爱情经验的你来说，是不是太早了呢？

假话是：长大以后，你会谈一些恋爱，经过若干次试错之后，你终于遇到了真爱，就像找到了标准答案。你们互相来电，山盟海誓，经历若干艰难险阻，有情人终成眷属，从此白头到老。

真话是：如果一次海难，或一次大洪水之后，全人类只剩下你和一个男生，为了延续人类这一物种，你没得选择，那个人就会成为你的真爱。古代的大洪水神话，伏羲女娲兄妹结婚，就是这样的故事。如果你生活在大山里的小村庄，你的这个真爱大概率只能出现在这个村庄里不多的青年之中。如果你生活在北京这样一个千万人口的大城市，你的选择会很多，谁是真爱的问题才会出现。

假话是：从此“王子和公主幸福地生活在一起”。

真话是：上述说法是宿命论，它暗中假定了谁是谁的灵魂伴侣这件事情是姻缘册上早就配对好了的，是命中注定的。找错了就不幸福，找对了标准答案就幸福。因此重要的是要找对人。

这种想法古老而愚昧，它几乎注定了不幸福。为什么这么说呢？你以为找对了人，还有了天长地久的誓言，就放心了，觉得一劳永逸了。但这种想法会让你不再用心经营关系，把所有获得当成理所当然，不再珍惜。而这就埋下了不幸福的根源。

这套假话论述，我称之为“现代爱情制度”。

过去，婚礼把誓言作为核心，但是誓言的前提是鬼神存在。“暗室亏心，神目如电”，全知全能的鬼神会惩罚发下誓言却不履行的人，或者在发誓的场合撒谎的人，誓言是有效的约束。在今天这个不相信鬼神的时代，誓言并不具备有效的约束力，或者说，其约束力弱于商业合同——起码商业合同有国家执法系统在执行惩罚。发誓者过度表达，可自己并不知道是否有能力履行誓言。而问题在于，既然有誓言存在，人们就会相信，说的人、听的人都信了；而这种相信是有问题的，这种相信让人高枕无忧，忘了继续付出。

真爱这样的词也有问题，我们找到的不会是标准答案，我们找到的只会是基础还不错、有大概率可以共建良好关系的一位合作者。天长地久的良好关系是一种愿望，就算找到基础不错的对象，也得持续地付出和投入，就像未得到的时候那样持续追求，并且要意识到，一旦停止付出，随时存在得而复失的风险，这样我们才会珍惜。

可是誓言只是语言层面上的承诺，誓言把愿望变成了所有权，或者说，它制造了一种所有权假象，这种所有权假象制造了理所当然的感觉，理所当然的感觉又形成了轻慢、不珍惜、不付出的行为。于是关系变质，无法天长地久。

这时候，真爱理论又跑出来圆场：“原来这次找到的其实并不是真正的真爱。”于是人们分手去寻找下一个真正的真爱，再找到一个，再次感激涕零、自我感动，再次山盟海誓要天长地久，然后再次变质，再去找最后的真爱……直到最后累了，忍了，认了，就凑合着随便过了。

其实，誓言就是罪魁祸首，盟誓制度就是罪魁祸首。我们要做的不是发誓，而是要意识到誓言保护不了任何东西，失去的风险随时都在，所以才会用心去珍惜，去感激，去维护，去投入。如果做到这样，没准儿还有可能实现天长地久。

所以在这张画里，小邱家瓦像一个雕塑家一样，拿着锤子和凿子在凿一个冰雕。冰雕是你自己的大脑袋，还长着天使的翅膀。上面的大桥上挂着冰凌，它们融化的水滴到下面，积累成冰的钟乳石。要维持冰雕，需要维持低温。钟乳石就是最早的3D打印，是一点一滴挤出来的。上面的大桥上，有一对互相锁在一起的锁头，锁孔处的蜡烛正在燃烧。后面还有很多锁在一起的锁头。

瓦，以后你去世界各地旅行，在很多桥上都可以看到这种锁。黄山上的扶手铁链上、科隆大教堂旁的铁桥上，很多情人会把一对锁头锁在铁链上或栏杆上，然后把钥匙丢进河里。这种情人锁叫作“同心锁”，是“天长地久的誓言”的一种代表形式。后来人们分开了，有的人无法接受——真爱怎么就错了呢？也许会回到这些挂锁的地方轻生。

其实，一段关系没有经营好，有时候是因为没有经验，有时候是因为以为有了誓言就可以高枕无忧不努力了……原因很多。在今天这个社会中，选择很多，风险很大，想要天长地久，需要双方都非常努力，不断同步、进步，给予对方浇灌，这是难度很高的技巧。没做好，不换人从头尝试，或者换个人从头尝试皆可。这真的不是姻缘册上配错了，不应该要了命。所以，不要相信天长地久的誓言。

爸爸

爸爸:

我知道这种锁，巴西那个伊瓜苏大瀑布旁就有一大堆。

我非常同意你的看法。真的为了爱情想不开，不至于吧！有点儿无语。都这个年代了，不会还有人信这种东西吧?

你写这封信就是为了让我保持理智，不要去信那堆人瞎编的话吗？那你大可放心。我真的感觉真命天子这件事情非常不合理，还有人特意去相亲，我也感觉挺不合理的。我觉得能和谁成朋友，能和谁当情侣，在以后遇到的不同的人中，和谁会有很深的交情，和谁只是萍水相逢，这都是我的决定和我经历过的事情决定的。不管和谁在一起，也终究都是会分开的。真的不能刻意去找真命天子，万一以为找对了，突然分开后人就会自闭，最后极有可能选择轻生。

也有人对感情和年龄设限，说女孩三十岁之后就成“大龄剩女”了，现在网上都这样说。我说句实话，有很多人，他们觉得结不结婚都挺完满的，我感觉其实这样的想法更好。

那个锁画得挺有意思的，你说一般情人挂锁的时候都会把钥匙丢掉。之前我看过一个漫画，里面的那个男生有把锁，不过锁的钥匙在女生手里。我感觉这样的模式可能更好：如果哪天他们分手了，那个女生只要把钥匙还给他就可以了，而不需要有什么极端想法。其实锁本身没有问题，两个人暂时愿意锁在一起，也没有问题。

如果女生拿着钥匙的话，那个男生就会知道这个女生随时都可能把钥匙还给他；这个女生也知道要是男生对自己不好的话，随时就可以把钥匙还给他。这样他们就会继续互相付出。但如果他们真的把钥匙丢进河里了，就会出现你说的那种不好的状态了。

对，丢下去就是在发誓，誓言就会让我们变懒。就像你学习特别好，老师就认为你一直都会有好的成绩，你也这么想，然后你就开始打游戏，学习自然就荒废了。

人们可能不愿意去接受这种随时会有风险的获得，是吗？他们觉得有了誓言就没有风险，就获得了更安全的安全感，是吗？可这样并不对，或许他们对誓言有什么误解吧。很多人不理智，明明知道是不可能实现的，可还是要去发誓，“知其不可而为之”。

你想想，卖草莓的人不可能告诉你草莓永远也不会坏啊。

邱家瓦

不要让过度的表达
成为自己的负担

不要让过度的表达成为自己的负担

瓦瓦：

说实话，这张画真是挺奇怪的。画面上方有一坨奇怪的黑色物体，不知道你能不能看得出我画的是假山石，不过画得不太像。我们中国人总是喜欢选那种上面有很多孔洞的太湖石来叠假山，太湖石讲究“瘦、漏、皱、透”，所以假山石上总是有很多空。而且，有名的园林中的假山石，都喜欢把自己描述成凝固的云，它们经常取名为“停云”“卧云”之类的。在这张画里，我把一些漏斗塞进了这些假山石的孔洞里面，然后天上的云不断地被塞进这些漏斗，继而凝固成为假山石。

这个假山石的两个向下的孔中有两根非常长的大喇叭，它们向下一直伸到水面上方。西藏的喇嘛在举行仪式的时候会吹这种长长的大喇叭，它们会发出一种呜呜的声音。我画的这两个长喇叭的开口处滴下来很多冰凌一样的石柱，滴滴答答地在下面形成钟乳石，这些钟乳石滴落在水面漂浮的小纸船上。这些小纸船非常奇怪，左侧是折好的船头，中部却依然是平铺的纸，右侧尾部的纸还卷起来了。卷起来的纸和波浪非常相似，所以在这个画面中，似乎是波浪的一部分像纸一样地卷了起来，卷起来的这张纸的一头正要被折成纸船。水面上漂着的这些纸船，有的上面长出了耳朵，正在倾听；有的正被滴下来的蜡烛泪一般的钟乳石掩盖。

长长的喇叭的不同部位上开了很多水龙头，似乎一拧开开关就会哗哗地往外流水。

长江大桥的钢梁上挂着很多篮子，它们像是翻转过来的鸟笼；篮子上网格间的空隙非常大，很明显什么水都装不了，偏偏在它的底部也装着水龙头。这些篮子似乎可以把潮湿的空气转换成水分，水分通过水龙头流进杯子里。或者，它的使命就是无中生有。

此刻过了十三年，我甚至都不是完全清楚当时自己为什么画这些形象，只能试着去推想当时我画这些画的时候在想什么，要对你说什么。

我想，我当时考虑的是语言对人的一种掌控能力。

语言是我们来到这个世界上所要学习的最重要的内容之一。语言让我们区别于其他的动物，并且和他人发生联系。但是语言并不仅仅是我们的工具，事实上，我们是透过语言这层滤网来看整个世界的。世界被整理和组装在母语中交给我们，我们的语言中有什么样的概念，决定了我们会怎样去想问题。因此，哲学家海德格尔说："语言是存在的家。"

但是语言还不只是好用的工具和我们概念的框架，语言还是一种我们很难驯服的怪兽。语言自己有生命，它时常会脱离我们的掌控，它有自己的脾气和性格，它有自己的速度和惯性，它不听话。一句话刚一开始说，另外一句话就跟上来，这些话之间会形成它们自己的黏性和弧度。有些话会占领我们的舌头，诱导着我们说出它；有些话自带神奇的魔力，诱导人们崇拜它、相信它。很早之前，世界上不同文明的人就已经开始意识到语言这种神奇的力量，比如说古印度人在《奥义书》里面甚至表达过对某种语音的崇拜，古印度人觉得“唵”这个声音无比厉害，可谓开天辟地。所以世界上就有了咒语这样的东西。

为了把话说通，为了把话说圆，我们经常不得不改变自己原有的意志。

最可怕的是语言会形成套路，形成逼迫。

我们在不同的情境下总是会身不由己地说一些话，我们会被某些情境引导着，说出在那些情境中该说的话。而当我们想要用语言去描述真实的东西时，却经常像竹篮打水，像那个网格过于稀疏的篮子一样；我们用长长的喇叭说给别人的话，常常不过是把弥散的云雾临时勉强地揉成一团，丢出去而已。

我们说、我们听，常常都在某种既定的逻辑中，这种逻辑比我们的意志更强大。一句话引出下一句话，说着说着我们就会说出自己并没有准备说的话；说着说着，我们就因自己的语言而变得激动，变得愤怒，变得绝望，这就是我所说的“过度表达”。瞧，本来我们只是想说自己有点儿不高兴，说着说着就变成了“我生气得不得了”；我们本来只是在说“我想得到那个东西”，说着说着就变成了“我非得到那个东西不可”。语言中暗含着一种走过头的倾向，诱使我们过度表达；而极端的行动，往往就是由这种过度表达煽动出来的。

我在和遇到的一些想要轻生的人交谈之后，觉得他们其实都是被某种过度表达、被自己的某些话给逼到绝路上的。

人们山盟海誓的时候，经常也是在过度表达。我觉得我自己也有过度表达的倾向——说一个东西不对，就非得一棍子打死。你和我一样是天蝎座，我担心你也这样。不过，人类总是在进化的，希望我的缺点不要在你身上重现。因为过度表达，只是给自己制造了负担，逼着自己去扛起十字架。

瓦，不要让过度表达成为自己的负担。警惕我们的语言，这只不驯服的小野马。

爸爸

爸爸：

你说的这个观点真的太真实了！

比如说同学之间吵架，一个同学说，你上次为什么不给我拿饭，你根本都不在意我们的友谊，我们以后不要当朋友了，我们绝交。另外那个同学就会特别郁闷，说你居然都不理我了，然后就说要离开这个世界。大概是这个意思吧，很多人都是被自己的话给逼的。

再比如说两个公司要合作，本来只是出现了一些小问题，聊着聊着就觉得对方不守信用，然后就不合作了，毁了很多东西。

这种情况就跟蝴蝶效应差不多，我自己的这种倾向就非常严重。

有一次我在和同学玩电脑游戏，因为我不小心点了一下鼠标，导致在游戏里打了他们一下，然后他们就开始疯狂打我，说我不遵守游戏规则。我就非常蒙，我明明在频道里跟他们解释了我是不小心打的，但他们说根本就没有收到我发过去的消息。实际上是电脑出了问题，并不是我的问题，所以才造成了这个误会。我说他们每次都针对我，他们反驳说只有这一次，我又反击，把之前发生过的类似的事情全都掏出来说了一遍。我完全碾压他们，把他们说崩溃了，他们无话可说，也不想再和我说话了。

不过我感觉偶尔说点儿过头的话也没什么问题。

我说完之后，他们确实改了，我就非常快乐。但有时候这种话会给自己造成心理负担，比如你说自己是个学霸，你就不得不是个学霸。不过这也是一种自我强化、自我激励，是吧?

把话越说越大，就是给了自己一种限制，说一次大话，你的上限就提高了一些。可这并不代表你就会因此钻牛角尖，看不到别的可能性。你想在这个领域变好，不代表你想不了别的事。可能每个人对此的感受不一样，但反正我是不会。你看，我有时候会说我这一学期英语一定要升高阶班，可这并不影响我弹琴。你说的那种过度表达，也可以成为积极的自我激励和自我暗示。

邱家瓦

每一种结果都并不太坏

每一种结果都并不太坏

瓦瓦：

接下来这三张画，我们来讨论成败。

这张画，我在江水里面画了很多动物，有章鱼、水母和各种各样的鱼虾蚌。飞鱼正在跃出水面，大鱼吃小鱼，小鱼吃虾米。这些动物旁边还写着“一级消费者”“二级消费者”“三级营养源”“食物链中没有旁观者”“分解者在哪里？”等字样。这些文字构造出了一个食物链的语境。“食物链”这个概念真的是关于强弱和成败最有趣的想法：食物链顶端的鲨鱼之类最终还是要被食物链底端的微生物所分解。

在我的画面里（不是正确的生物学），鱼长出翅膀跃出水面成为飞鱼，然后慢慢进化成了鸟。所以在水面的上方，你可以看到有海鸥之类的水鸟在抓着鱼，而正在演化成鸟的鱼抓着比它更小的鱼，其他长着翅膀的鱼奋力飞向天空，变成了蜜蜂或者别的昆虫。

在画面的正上方——南京长江大桥的钢梁之间，你胖嘟嘟的小手在抽着扑克牌，扑克牌散落在空中，每一张牌都不一样。你抽到的牌，牌面或许是蘑菇，或许是青蛙，或许是螳螂，或许是蜻蜓，或许是蛇。大桥上放着一个玻璃罐子，它上方也有几只胖嘟嘟的小手在抓阄，从中抓取一个纸团，看看自己抽到的是什么命运。

更上方的一只水鸟抓着一张扑克牌，腾空而起。

这张画，我画的是命运。自古以来，人类就对命运有着深刻透彻的体会。你生在什么样的国家，什么样的家庭，什么时代，牛年还是马年，你生下来是食物链的哪一个环节……这些都由不得我们选择。这种命运的分配，就像抓牌一样，是随机的。对这样的命运，我们只有泰然处之。

人永远都会觉得自己的境遇还可以更好一些，于是总抱怨老天爷的不公平。但是“食物链”给了我们生动的启示：命运只是表面上不公平，在你的顶端，总还有更高的掠食者，但是在你的下面，也总还有更低级的供应者，而最高级的掠食者，最终也难免成为最低级的掠食者的营养源。食物链呈现出来的这种循环，给了我们相当的安慰，那就是每一种结果其实都并不太坏。

有的人会抱怨自己抓到的是一手烂牌，但也有的人会把一手好牌打得稀巴烂。命运确实很霸道，但也给玩牌的高手留下了操作的空间。打牌这件事情，确实在一定程度上和运气有关，但也和打牌的技巧有关。事实上，如果你不只是打一局，而是打很多局，总体而言，你抽到好牌和抽到坏牌的概率应该是差不多的。

死亡不可避免，每一个生命最终都要面临死亡，在这个意义上，命运其实对每个生命都是平等的。但在这种平等里面，每一个生命如何过完他的一生，如何尽可能丰满地感受和创造生命的可能性，如何展现生命所赋予他的潜能，甚至促进它的物种向前演化——这样的生命过程，在我看来一定是更加生动的。在食物链的每个位置上，我们其实都有机会选择成为这样的生命。

何况我们抓到的这张牌，其实并不坏。我们降生为人类，有思想意识，有语言来和他人交流，有文字能记忆，看起来智力还遥遥领先于地球上其他的物种（也许不一定，哈哈），我们当然没有理由把抓到手的这一手好牌给打烂了。

而这其中，我抓到的牌尤其好，因为我有了你。

爸爸

爸爸：

谈到这个话题，就又得回到我前面说的那个游戏，就是可以选择出生身份的那个。游戏背景设定在一个大城市里面，你有三个身份可选，一个是大城市里特别好的公司的员工，一个是大城市里的小混混，还有一个选择是，你并不在这个城市出生，是郊外的一个修车工人。你选择不同的道路，就会发生不同的故事，每个身份都有不同的优势，都很精彩。不管你出生时是什么身份，都可以通过后天的选择来改变你的处境。

当时我对这些游戏特别感兴趣，做了一大堆调查，发现真的有人拿到一手好牌还是打得稀巴烂。就算他选了看起来最光鲜的那个大公司员工，还是可以把他的模拟人生过得很糟，输掉一切。

当然了，有时候命运是可以通过努力改变的，如果努力也改变不了的话，只好调整心态，是这个意思吗？就比如你在古代当官，然后被皇上贬去了边疆，像苏东坡这样心态比较好的人，就会在边疆开发东坡肉那样的美食；要是心态不好，就只能去锄锄田，终日郁郁寡欢。

苏东坡这个人真是比较厉害，但我觉得他也有问题：把他贬得再远他都很开心，所以皇帝被他气“死”了，是吧？你想啊，皇帝贬他就是为了让他难受，但是他还那么开心，甚至比以前更开心，脸上写着一种“没有你我过得更好”的态度。作为皇帝，这怎么能不生气呢？皇帝就继续贬他，他就继续开心。可能有时候要适当地表现出一点儿不开心，别人才会满足。

家瓦

瓦瓦：

你这个“戏精”太可怕了。

我呢，好好努力看能不能达到苏东坡的境界，再惨都开心。

苏东坡呢，我觉得他再怎么努力都达不到你的境界。

他为什么就想不到得表演出一点儿郁闷来呢？

哎，会不会《黄州寒食帖》就是他在假装郁闷呢？

原来我被骗了。

爸爸

上升者和坠落者擦肩而过

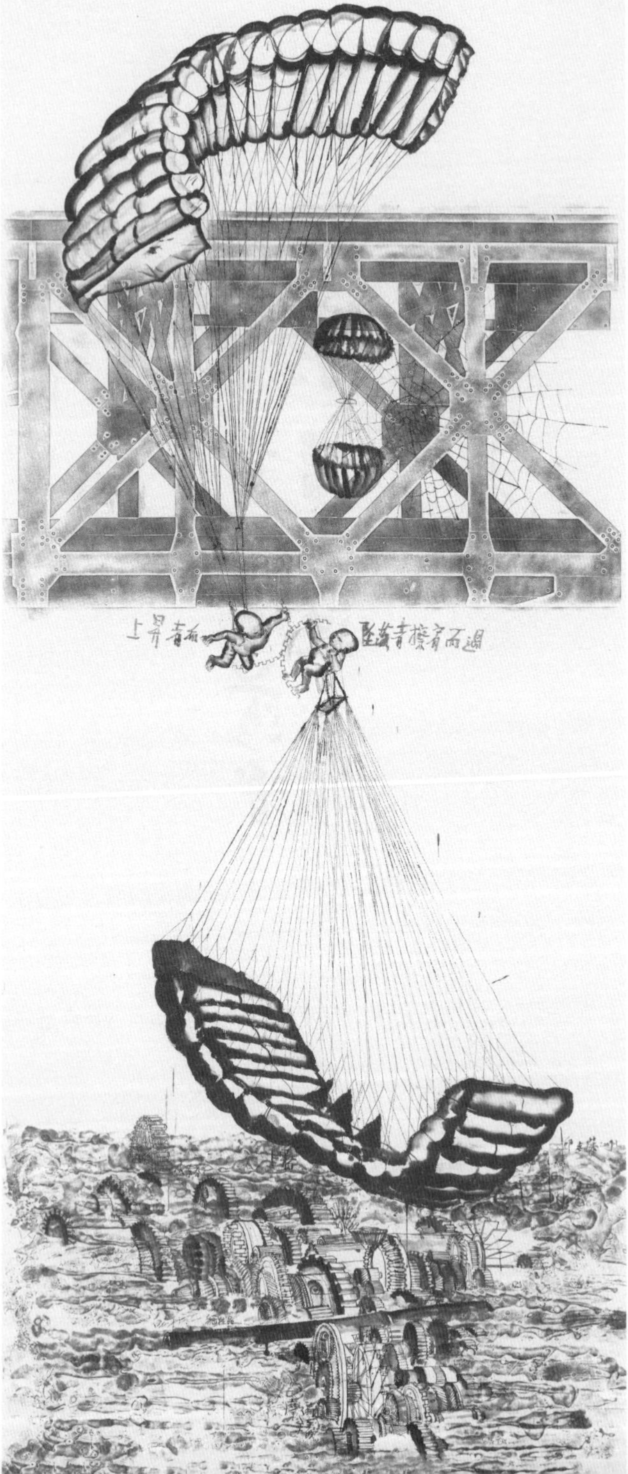
上昇者和
墜落者擦肩而過

瓦瓦：

这张画虽然画面很简洁，其实是有点儿深奥的，它叫作《上升者和坠落者擦肩而过》。“坠落者”在往下跳的时候，其实也同时存在往上飞升的机会，只是他们和那样的机遇擦肩而过了。你看，在这个画面里面，有两个小孩子，一个正在上升，来自降落伞上的很多绳子扯着她，免得她上升得太快；另一个小孩正在往下降，充气的降落伞拽着她，防止她下降得太快。两个小孩的躯体——当然，那画的就是你的小身体——都背着一个齿轮，这两个齿轮刚好互相咬合，像是时钟一样。

在下面的水面上，很多并排的圆形物品互相咬合，有点儿像钟表中的齿轮组结构，或者汽车的差速器。其实我在大桥上看着下面滚滚向前的江水，觉得真的像是有一组齿轮在江水底下驱动它们。这些圆形的结构中有各种各样的水车、摩天轮以及带着叶片的涡轮。一组齿轮组中如果出现了不能和其他齿轮互相咬合的不协调的部件，那它就是破坏者了。破坏者要么卡死整个结构，要么被挤碎，所以中间那根黑色竹竿被标记为牺牲品。

生活滚滚运行，具体的事情总是有成有败。其实中国人自古对失败者是非常宽容的，也给失败者留下了非常大的空间。秦朝末年的楚汉战争中，刘邦是胜利者，项羽是失败者，但是大家似乎都更喜欢项羽；三国时代，司马懿才是胜利者，而诸葛亮是失败者，但大家似乎都更喜欢诸葛亮；孔子一生到处“推销”自己的思想，奔走于各诸侯国去游说，却没有在一个地方成功过——“惶惶如丧家之犬”，但是他难道不比任何帝王都更成功？中国人说“胜者王侯败者寇”，对得意扬扬、牛气冲天的胜利者，老百姓似乎不以为意，总觉得他只不过是运气好赢了而已。中国古代的很多失败者，只要跑到庙里剃发为僧或者隐居起来，胜利者往往也并不对其穷追猛打，“你占朝廷我占山”。这是一种对失败者非常宽容的文化，因为大家都知道，上升者和下坠者之间往往只是擦肩而过。

中国人说“风水轮流转”，又说“三十年河东，三十年河西”。这个古老的文明，对胜与败、盛与衰之间的转换，有着太过丰富的经验。对它们来说，得用向下的降落伞拽着向上飘摇而去的降落伞，使它们看起来像一个沙漏——所以这样的形象就出现在了画面中，大桥的钢梁结构中间有一对沙漏一样对峙着的小降落伞。它们凝固在空中不动，甚至出现了蜘蛛网。

但是，我们的文化在今天有所改变，变得似乎太热衷于赞美成功者，而对失败者太残忍了，并且对成功和失败的标准又过于僵化。我看到过一些房地产的广告页，上面竟然写着“成功与失败的界限”，这个意思就是，你买得起我的房子，你就是成功者；

你买不起我的房子，你就是失败者。我意识到，正是这种“成功学”的片面表达，把大人物和小人物一起逼上了绝路。

机场的书店里到处都是成功学的书，在教大家怎样去取得成功。这种意识形态太可怕了。其实买不起大房子，但是能在自己的小蜗居里做自己喜欢的事，也是另一种意义上的成功者。成功的标准不应固化于开什么样的车、穿什么样的衣服、买什么样的房子，成功的标准应该多元化。一个把成功和失败的界限确定成某种僵硬指标的文化，那是会逼死人的。

我们来到这个世界上，不是来参加比赛的，而是来生活和创造的。生活和创造中唯一的比赛对手，其实是我们自己。那些能在有限的条件下，把生活和创造进行得不可思议，穷尽和超越自身潜能的人，才是真正的胜利者。在这个意义上，我们要对所有看似在世俗目标的竞争中失败的离群者表示敬意，即使他流落街头，即使他没有上过大学。社会要为失败者创造条件，让他们另有赢得尊严的空间。

这也是为什么我对你热衷于写科幻小说一直很支持。在更阔大的星际空间的视野上再来看人间的上升与坠落、成与败，会有完全不同的评价。

爸爸

爸爸：

说实话我更喜欢刘邦！因为我感觉项羽太猛了。我更喜欢刘邦、曹操那样的人。我感觉能赢的人才是真正值得佩服的，那些失败者可能都有自己的问题，他们是因为自己的原因才失败的，有什么可同情的呢？虽然有些人确实很厉害，但是他们失败终究还是自己的错。所以我还是更崇拜那些最终获得胜利的人，因为他们也吃了不少苦，而且吃的苦肯定不比失败者的少。

在我们学校，如果父母不管的话，老师也不会把你逼得很紧。他们的态度就是你爱学不学，你想走哪条路就走哪条路。老师教你知识，听不听在你。

现在有很多家长会告诉孩子说，只有你有钱了、成功了，你才会开心；如果你以后没出息，或者只是个工人或者苦力劳动者，那你就不会开心。其实我觉得，即使没那么有钱，如果心态好的话，照样可以活得比较开心——虽然会缺少很多物质上的满足。

一个人如果觉得学习很开心，那就认真学习，不要浪费那些好的资源；如果想以后自由地生活，也完全可以选择别的路，生活中不只有某一个方面是值得努力的。如果在一个方面很失败，但只要肯努力的话，那他肯定会在其他方面成功的。

我呢，碰巧是一个只有学习才开心的人，我个人认为学习是一件非常快乐的事情。对我来说，考上好大学并不只是为了考上好的大学，而是因为去了好的大学肯定有更难的难题可以解决，有更多的知识可以学习。我感觉去了好大学可以把快乐的质量提高一层。

我认为比较好的心态是：不管我以后怎么样，我都是可以接受的，我都要快乐；我接受我的失败，或者说，我不会把成功和失败的界限划得那么清楚。

瓦瓦

瓦瓦：

你的心态挺好的。对一个社会来说，最妥当的其实是“鼓励成功，允许失败”，对吧？我们的社会如果一味崇拜成功，企图灭绝失败，不允许失败存在，不给失败者空间，就会很恐怖。

不过，你们学校的“放养”程度真的超乎我的想象，也许那是另一种极端。这让我有点儿疑惑：真的有人交那么多钱，然后让学校告诉孩子他们是自由的？这一点，孩子们难道不是早就知道了吗？我觉得家长和孩子花钱来学校购买教育产品，是要解决问题的。

我也是老师，我之所以很认真地教书，称得上呕心沥血，是觉得既然我们是提供教育产品的，就得做到真材实料，不能缺斤短两，不能掺杂假冒伪劣，这是我的职业道德。如果我遇到一些学生不爱学习，我还是会伤心甚至生气的。这就像一个厨师开饭馆，他用心地拿珍贵的食材做了美味佳肴，食客们却不珍惜，暴殄天物，我会抓狂的。

也许这就是你说的，我对自己的学生不够有弹性。

何况我教书的大学是公立大学，公立大学是有国家补贴经费的。我教书的大学比普通大学费钱，每个学生交一万五，而国家要补贴七万。国家要从工业、商业等别的地方收税来补贴教育、医疗和公共交通的。我们那些不用功的学生往往并不知道国家往里贴了多少钱，他们只是没心没肺，不太心疼他们父母交的那一万多块钱而已。

国家办公立教育，是要培养人才。这些家里出了一万多、由国家补贴了七万元的学生，如果不用心学习，对我来说就是浪费了国家的资源，而我自己如果不认真教书，就是在贪污国家的钱，良心和道德也是有问题的。

瓦瓦，不知道你能不能理解，我们这个民族、这个文明，一百年前还差点儿被亡国灭种。邱家瓦同学，你险些出生在一个亡国奴的家庭！正是这种危机感，才让整个民族勒紧裤腰带来办教育，让一代代教育工作者甘心清贫，呕心沥血。“快乐教育”以及“爱学不学”的教育理念，对我们来说还太奢侈了。

你再往深里想，在美国式的自由选择下，那些底层的人真的就快乐吗？身处底层的人，难道真的是自由选择，而不是因为社会固化而没办法上升吗？

所以，我们一方面要允许失败，宽容失败，另一方面，也要鼓励拼搏。这样，“上升者和坠落者擦肩而过”才有了意思。

我觉得自己好幸运，你碰巧是一个觉得学习才开心的人。不过也许这并不是碰巧，你觉得呢？

因此，我需要思考和探索的是，有价值的教育要怎么变得好玩、有趣。你们今天玩的那些游戏里面的悬念、叙事和激励机制，是值得今天的教育工作者学习和研究的。

爸爸

你要相信变化

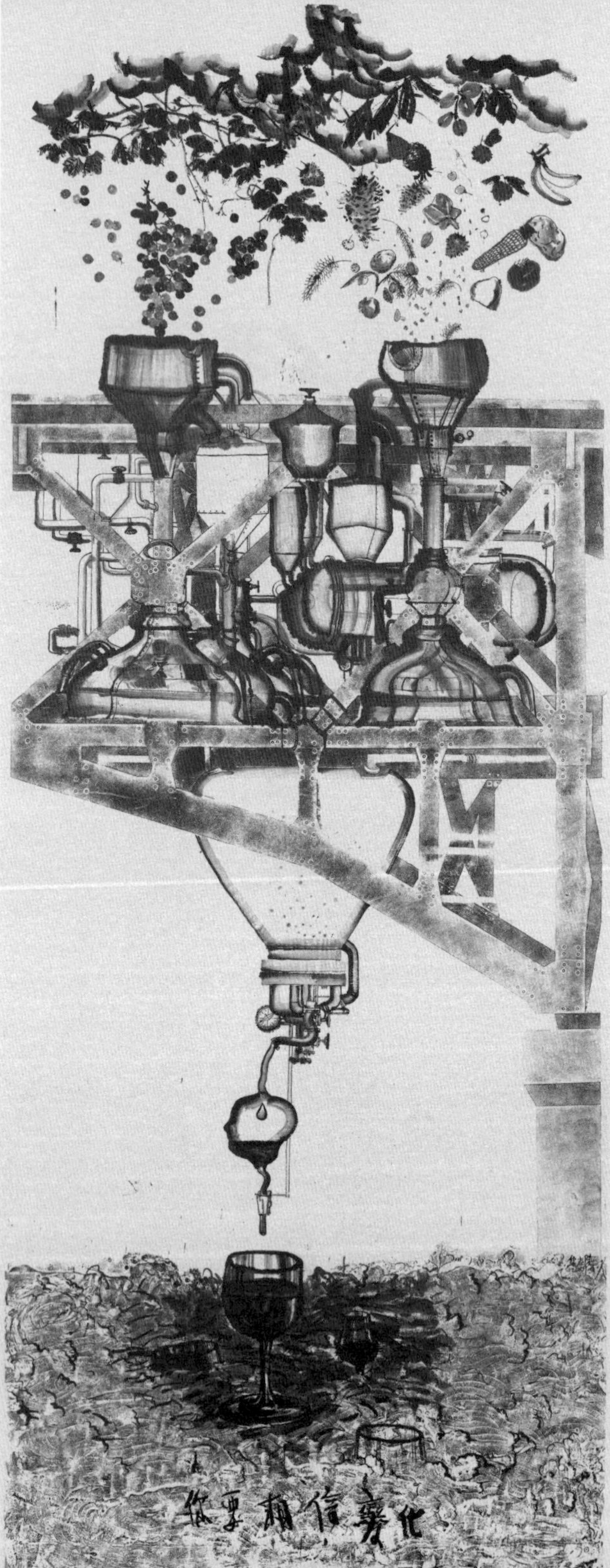

瓦瓦：

在这张画里，画面上方空中的云朵中长出藤蔓，有很多水果和五谷杂粮掉下来，掉进大漏斗里面。水果有葡萄、草莓、荔枝、杨桃、香蕉，五谷杂粮有玉米、高粱、大米、土豆，这些都是酿酒的原料。画中整个长江大桥的钢结构被我改成了一套复杂的酿酒系统，有各种各样的发酵装置和蒸馏装置。在这些锅炉的腔体中，粮食发酵变成酒精，通过蒸馏和冷凝装置，一滴一滴地滴入下方长江水面上漂着的高脚杯中。你看那个冷凝玻璃瓶的造型，是一个小孩的脑袋，那当然是你的头啦。当我说“你要相信变化”的时候，说的是从水到酒的过程。这个变化是酝酿、发酵、升华、凝结的整个过程，物质跃升为精神，完成了脱胎换骨，进入了全新的维度。

变化在我们周边的世界中无所不在。寒来暑往，秋收冬藏；云腾致雨，露凝为霜；晨昏变化，万物生长；朝生暮死，冬虫夏草；沧海桑田，地质变迁。我的邱家瓦，由小不点儿变成了大块头，爸爸由毛头小伙子变成了头发斑白的老教授。中国人很早就对此有深刻的感受，认识到世界上唯一不变的只有变化本身，中国人为此专门制作了一本“变化之书”，这本书就叫作《易经》。

有时候变化比计划要快，有时候变化来得过于突然和猛烈，让人猝不及防。昨天还见面的好朋友，第二天就听到了他的坏消息；山清水秀的一座小村庄，一场地震后就被夷为平地；一颗陨石砸下来，气候变迁，雄霸地球多年的恐龙一族灰飞烟灭。这样的变化，我们称之为“变故”。

变故让我们惊惧，那是因为我们没有准备；如果对变化有所准备，就会“泰山崩于前而色不变”。如果掌握了变化的规律，甚至可以预测变化。这并不奇怪，事实上每个人多多少少都有预测变化的能力。我们都知道天什么时候会黑，什么时候会再亮起来；我预测你会慢慢长大，我会慢慢老去。凡是有规律的变化，都是可以预测的。相信变化，预测变化，就会宠辱不惊。

变化从不停下它的脚步，所以在最苦难的深渊中，即使事情已经坏到了极点，只要变化还在，就依然还有希望在，我们就依然可以静以待变。

更积极的态度是我们要理解变化，甚至主动去促成好的变化。

有时候我们可以从改造环境做起，为变化的出现准备好条件。如果我们没有能力改造环境，就从改变自己做起，这也是在为变化的到来做准备。都说江山易改，本性难移，开始练习，改变等待着的状态，迎接变化，这是人的修炼和学习，是一点一点的努力。只要我们在努力，变化就在一点一点地发生着，即使我们自己甚至都无法觉察到它。突然间在某一个瞬间，巨大的变化会猛烈降临，柳暗花明，天翻地覆，清新一劫棋更新。

这个过程就好像酿酒一样，各种水果和五谷杂粮要经过反复的酝酿、发酵、高温和冷凝处理，才能被提炼出精华，才能变成琼浆玉液。

2008年，我做了一个煤的考古坑，用了鲁迅先生的一句话当标题，叫作《当时用了很多木材》。鲁迅先生的原话是："人类的血战前行的历史，正如煤的形成，当时用大量的木材，结果却只是一小块，但请愿是不在其中的，更何况是徒手。"鲁迅先生说的是"牺牲"，我们不应该付出无意义的牺牲。原始森林中的木材经过漫长的地质时代，通过化学变化转变成煤，这其中不知道是否有无意义的牺牲，这得去请教科学家。不过鲁迅先生认为不去斗争的"请愿"是无意义的牺牲，我却同意。正如我认为，一般来说轻生不是一种斗争，而是一种"请愿"，是一种无意义的牺牲。从木材变成煤，从酿酒的原材料变成酒，从生活的感受变成诗歌、绘画和音乐，却不是一种无意识、无意义的转变，而是一种修行。

变化的很大部分不是我们能够控制的，有时候会接二连三地得到坏消息或者好消息，所谓"福无双至，祸不单行"——刚来两个好消息，马上来个坏消息平衡一下，或者刚来两个坏消息，马上就得到一个好消息。这是靠外部的机遇来获得平衡，我们做不到；我们能做的是保持内在与外部之间的平衡。

平常大家都生活在习惯里，日复一日，似乎没有感觉到变化，实际上，变化在每个角落都有发生，正在积累成剧变。你要去看到这些变化，等剧变发生的时候你已等候多时，就不会惊慌失措。如果你主动进行修炼，你就会知道，这日常生活其实并非日复一日，而是每天都有变化——每天都有任务要去完成，有难题要去克服，你每天都在成为一个新的自己，每天都有全新的境界出现。有了这种成长和内在的丰富，你和外部力量之间也就有了一种真正的平衡。如果一个罐子里面装满了水，它就不容易被推倒了；如果这个罐子空空如也，那外面的一阵微风都能推倒它。你读书、思考，你内在的分量加重了，就容易维持自己的平衡。你会用智慧去面对变化，用大水库去调蓄洪水。

在洪水中，你不但要做水库，还要做诺亚方舟，做治水的大禹。

所以，我们不但要相信变化，更需要主动变化、迎接变化、促成变化。

你要相信变化，好消息还在路上。

爸爸

爸爸：

说到时间和变化，我就想到一个挺严肃的话题。我有一个朋友，她的朋友的妈妈（对，就是我朋友的朋友的妈妈）得了绝症，然后这个妈妈一直在向自己的女儿隐瞒；我的朋友知道，但是她的朋友，也就是那位得绝症妈妈的孩子不知道。我就问我的朋友，你认为该不该把这件事告诉你的朋友呢？我想，这件事情如果突然发生，可能会对那个孩子打击特别大。

我这个人是心理比较强大的，我可以很自豪地说，我认为我可以接受这种事情；但是如果事情来得太突然的话，我可能就完全接受不了。我是可以接受变化的，但是需要时间。

有些事情压根儿就改变不了啊。比如说地震，突然间就发生了，家园变成了一片废墟，我也没法儿穿越回去。如果考得不好，我还可以去找老师理论，可是面对地震那样惊人的变化怎么办？再比如说爸爸突然死了，我该怎么预测？这是变故，是激烈的变化。我该怎样来让自己接受这个事实？用人工智能做一个爸爸的数字版本，然后继续跟他说话？我感觉这想法不太好，“他”终归不是你啊。人工智能终归只是人工智能，所以还不如接受这个变化，而不是用这些科技去欺骗自己。

我们又怎么主动去制造变化，或者阻止变化呢？

唐朝的开元盛世，盛极而衰，那就别出现开元盛世，这个想法有意思吗？或者还有个办法，先抵达开元盛世，然后再稍微刻意地把它降下来一点儿，然后再想办法抵达开元盛世，就一直这样来回地拖拽着、消耗着。但我们不可能永远耗着，故意不去享受那顶点吧？

瓦瓦

不要失去你的平衡

不要失去妳的平衡

瓦瓦：

平衡的问题其实和上一封信说到的变化有关：人到了陌生的环境，不能适应变化，就很容易失去平衡。据说有一种划痕症——在皮肤上轻轻一划就会留下红肿的疤痕——发生在非法移民身上的比例特别高，这是因为文化的不适应和心理紧张导致的内分泌失调。还有“司汤达综合征”“耶路撒冷综合征”“巴黎综合征”等等，这些都是由外部世界的文化冲击引起的焦虑。看起来人们不仅是在小脑中有某种类似于陀螺仪一样的装备，使我们在运动中能够随时保持重心平稳，在心理上也存在这样一个平衡装置。

在这个画面的上方，邱家瓦戴着一顶越南式的尖顶斗笠倒立着，双手拿着挑杆扮演了一架天平。这个挑杆，一头挑着电风扇，一头挑着金字塔形状的几何体；下面的天平上则一头是倒立的金字塔，另一头是电风扇。电风扇的风力或强或弱，吹着金字塔几何体的底部。你像一个杂技演员一样控制着自己身体的平衡，而整个南京长江大桥的钢结构成了一架天平。

画面中部另有一组天平的结构，平衡杆上挂着两个此前出现过的那种带着水龙头的大网格篮子，两者错落地平衡着。

画面的下半部分，小邱家瓦穿着蓑衣，戴着斗笠，背着行囊（你去查一查敦煌壁画里玄奘的形象，他就是背着这样的行李)，拿着一根长长的平衡杆——这是走钢丝的人手中经常会拿着用来帮助维持身体平衡的工具。你站在一根芦苇上，正在渡过波涛汹涌的长江。这里面有一个典故，说是禅宗第一代祖师达摩在南京和南朝梁武帝谈话，结果话不投机，人家听不懂他的话，达摩就站在一根芦苇上渡过了长江，跑到少林寺面壁去了。我在这里把邱家瓦画成了达摩，希望小小的邱家瓦能够像达摩大师一样，保持着心态的平衡。不过，达摩大师也是面壁了很多年才平静下来的，哈哈。

平衡是一个物理的概念，在这里当然只是一个隐喻。禅宗和尚对着墙打坐，要排除一切干扰，就是为了让自己平静下来。所谓的平静，当然也就是保持心态的平衡。这个平衡包含多种层面，吃的营养要平衡；工作的时候站一会儿，坐一会儿，走一会儿，活动要平衡。但是在南京长江大桥这个语境里面，我们主要谈论的是情感上的平衡。

曾经有过轻生念头的人，他们只是一时失去了平衡，被某一头的力量激烈地牵引了而已。这时候，如果他人的劝阻能够帮助他们恢复平衡，他们或许就能获得多一次的机会来进行更理智的选择。

中国人历来推崇中正平和，讲究中庸之美。过于偏激的情绪通常都被认为是危险的，高兴不要过度，悲伤也不要过多，要哀而不伤，离平衡点过远，则意味着危险。

这种平衡是怎么做到的呢？其实都是修炼的结果。平衡的能力是可以修炼的。就生理的平衡感而言，体操运动员经过修炼，就可以在平衡木上跳来跳去。走钢丝的人拿着那根长长的杆子，通过辅助工具增强了平衡能力，有时候还可以在那根杆子的两端坠上两个比较重的水桶，把整个重心降低，这个时候整个人就成了一种摇摆平衡玩具，怎么晃悠都掉不下来。我研究了很多摇摆平衡玩具，可好玩了。

就像生理上的平衡能力可以训练，可以借助工具来强化，情感上的平衡能力也是可以训练，且需要训练的。以前中国的读书人说“涵养功夫”，指的就是在读书、历事、待人接物的过程中，逐渐积累，慢慢变得处变不惊。年长的人见得多了，经历得多了，人就变得坚强淡定了，这是自然而然的过程。那么年轻人怎么办呢？年轻人也不要放任自己的情绪坐过山车，一会儿气急败坏，一会儿眉飞色舞，一会儿唉声叹气，一会儿歇斯底里，这些外部事件引发的情绪就像山洪。而我们能并且要为自己建好水库，用这个水库来调蓄水量。你的水库越大，你的调蓄能力就越强。你可以阅读小说和哲学著作来迅速扩建自己的水库。

这种平衡涉及控制信息的输入量：当信息过载的时候，及时关闭某些信息的通道，不使情绪处于过大的波动之中。哲学呢，是避免我们极端化的思考模式，使我们不被话语所绑架和煽动。

所以，智力上的平衡也非常重要，我们要学会从多种信息来源中，进行更完备、更周详的考虑，通过审慎地比照不同的论点进行甄别，从而形成自己较为综合的判断。但是，我们读书如果不能有全局的概览，读书的内容失去了平衡，只读某一类书或者只偏信某一类观点，照样很容易因为外部信息的影响而失去平衡。多读书，多读不同观点的书，我们就会知道人们的思想是何等的千差万别，人们的经历是何等的不可思议。这样一来，再奇怪的事情发生在我们身边也显得没那么奇怪，所谓“见怪不怪，其怪自败”。多了解不同观点之间的对立，在面对一个事件和听到一个说法时，我们也就更容易进行权衡、辨析和判断，而不容易被忽悠，也不容易摇摆不定，甚至被卷走。

经过这样的修炼，我们就把自己心灵的重心变低了。你就可以背上行囊，戴上斗笠，踩着一根芦苇，穿越情感和观念的惊涛骇浪，过江而去，保持着你的平衡和淡定。

爸爸

爸爸：

说实话，这小家伙戴着斗笠好可爱，比那个倒立的要可爱。我真的特别平衡，你知道吗？我不会像我们学校某些高阶班的“疯子”，天天痴于学习，我也不会像那些特别不爱学习的人整天瞎混。所以我很平衡，而他们极端得都有些魔怔了。

平衡是个好东西，但是如果太平衡了的话，也就不会有所变动。为什么要平衡呢？因为不平衡会翻船。可翻船有什么不好？反正我骑马摔了那么多次也没摔死。反复地摔不就是为了学习平衡吗？反复去练习，是为了在战场上、在比赛中不摔倒，所以这种练习就是一种修炼。如果一个人都不知道什么叫不平衡，怎么能明白如何找到平衡呢？所以平衡能力特别强的人都是训练出来的，他们把自己丢进不平衡里，反复练习，才能平衡。

平衡都是从不平衡中调整出来的。爸爸，你说过，人是可以主动调整自己的情绪的，一个人心情很差的时候，就故意快步走，走着走着心情就会好起来。我非常明白这件事，我简直是调整情绪专家，哈哈。有一次我东西丢了，心情很差，我就在操场上走，然后遇到了一个朋友，她跟我招手，让我陪她去玩秋千。我去荡了几下秋千，就变得开心了。

瓦瓦

举重若轻举轻若重

举重若轻，举轻若重

重若輕舉 輕若重舉
履夷如險
履險如夷

瓦瓦：

“举重若轻，举轻若重”，说的其实也是平衡。上一封信里提到的“平衡”更多说的是如何应对外部，而这一封信说的是主动去处理事情。

在画面的上半部分，整个大桥的钢结构部分被安装上了很多滑轮，有定滑轮，有动滑轮，小邱家瓦撑直了双臂抓着两根线头，定滑轮和动滑轮的重复组合让这两根线一头连着一块巨大而沉重的石碑，另一头连着一只小乌龟，这只小乌龟本来是驮着石碑的石头赑（bì）屃（xì）。古代传说龙生九子，性格各不相同，有一只叫作赑屃的家伙特别喜欢背重的东西，所以它找到的工作就是驮石碑；有一只特别凶的，被装在大门的门环上吓唬小偷；有一只会吃火，就被放在屋顶上当屋脊神兽防止火灾……那种石头赑屃通常都很大，在这里被我改成了一只活泼的小乌龟。

我们都知道，定滑轮只能改变力的方向，不能改变力的大小；动滑轮通过组合则可以改变力的大小。所以，通过反复的组合，巨大的石碑和活泼的小乌龟变得一样重了，所以你才可以举重若轻，举轻若重。

下面还有一个有趣的局部：邱家瓦开着大压路机，正在把波涛汹涌的水面压平。一只小乌龟趴在压路机的大滚轮上，和驾驶室里的邱家瓦在说话。

这个压路机的小轮子更加有趣，轮子上挖出了一个下凹的空间，这样，轮子前的那只小乌龟只要把头缩起来，就刚好不会被压平。这里写着："履夷如险，履险如夷。"

"夷"就是平地的意思，"履夷如险"说的是：越是走在平坦的路上，越是要小心翼翼，如履薄冰，要意识到危险始终是存在的。而"履险如夷"说的是：越是走在凶险的道路上，越是要自信、坦荡，要把最凶险崎岖的道路当作平地来走。这一切的前提是，你要把自己变成一台势不可挡的压路机，碾压一切，把一切拦路的大老虎、小螳螂通通压成平地，"见怪不怪，其怪自败"。

"举重若轻，举轻若重"说的是：看起来不可思议的巨大任务，你反而要把它当作一件小事，以轻松的心态去完成。那些看起来巨大的压力，不可思议的困难，其实往往也没有什么了不起，拿出一组滑轮来，它们就可以变成轻松的任务。滑轮组其实是变相地延长了杠杆的动力臂，使得我们可以翘起很重的东西。不知道你看没看过工作室的王师傅拿那种链条葫芦来拉起很重的东西，他就是反复拉着很长很长的链条，一点儿一点儿地把很重的东西给抬升起来。对那些不可思议的、沉重无比的任务，其实我们也可以用同样的办法——用更多的时间一点儿一点儿地把我们的能量通过长长的链条集聚起来，最终一定能够完成，没有什么了不起。相反，对那些表面上看起来很轻松的东西，要小心翼翼地对待，要看到简单的任务内部隐藏着的复杂性以及它可能造成的影响，要集中精力，不可掉以轻心；看起来不起眼的小人物，也是值得重视的，也要以庄重的心态来对待他们。

这套思维延伸开来，还可以变成“复杂的问题简单化，简单的问题复杂化”——看起来很麻烦的盘根错节的学术问题，反而要快刀斩乱麻，从大格局上进行判断；而看起来简单的问题深挖下去，其实也都并不简单，可以以小见大，做成大文章。还有，“战略上藐视敌人，战术上重视敌人”“急事缓做，缓事急做”——这套逻辑大体上或许可以归类为“逆向思维”，中国传统文化在这方面非常发达。兵法中的“声东击西”“欲擒故纵”，书法里的“欲右先左”，讲藏锋露锋，写小字要写得从容，写大字不能写得松垮，画法上说“计白当黑”，都是同一种思路。

这样的策略其实是一种生命的技能，是面对巨大的灾难和变故时的举重若轻，是面对看起来难以克服的困难时的勇气和耐心，以及在看起来不经意的事物面前的处处用心。

有了这样的生活技能，我们或许可以更从容，更有弹性。

爸爸

爸爸：

这块石碑真好看。

不过我并不同意你的观点。有些简单的事情，比如说倒一杯水，你是无法从这里看到复杂性的。倒一杯水这件事，如果想找到其中复杂的东西，直接去看复杂版本的倒水不好吗？这样就会省掉用脑子去分析这个过程。全面分析的过程会使人变聪明，可是非常消耗时间和脑力。世界上有很多比倒一杯水更复杂但原理却相同的事情，那些复杂的东西往往已经破解了倒一杯水里面的道理，人们已经帮你破解了，你为什么还要自己去分析呢？现在不是原始社会了，我们并不用从倒水这里衍生出道理，去读一本书就能知道它的原理，有更多更奇怪的问题值得人去思考。

爱因斯坦说他还在问小孩问的问题，可是有很多问题已经给出答案来了，除非问到了一个还没有被科学解开的问题。小孩问的很多问题，其实都已经被回答了，比如说为什么会有春夏秋冬？在以前，这件事情值得反复思考，可是到现在，这个问题已经被科学破解了，人们已经在这些简单的问题里面徘徊很久了。小孩问的问题，肯定都差不多，基本都被像爱因斯坦那样的人思考过了，因为那些是最基础的。现在如果想更上一层楼的话，总不能一直问小孩问的那些问题。当然，简单的事情确实值得思考，但是同样一件简单的事情是不值得反复去思考的。

你所说的逆向思维我真的不赞同。

比如说我的科学考试明天就要进行了，我还得慢慢学吗？我慢慢学三天的话，考试都结束了。应该说是复杂的事情慢慢做，简单的事情快速解决。

你说欲擒故纵，让我想到了谈恋爱的人，一个人明明好喜欢你，但是故意假装不太在乎。我真的特别讨厌这种人，喜欢就是喜欢，不喜欢就离开。我感觉他们这样欲擒故纵会让人特别没有安全感，而且一会儿说喜欢，一会儿说不喜欢，这种套路也很老套。用这个套路的人肯定特别恶劣，还不如古代那种热烈的追求呢。本来简单的事情不能把它做得太复杂，那样就太傻了。我感觉追求一个人还挺简单的，直接表白就行了，其他都是多余的，对吧？

你说的那种思维确实会解决一些问题，但真的会把事情变得特别复杂。其实那些出问题的人，可能就是把简单的事情想得简单乐观，然后放任一些危险滋长起来；他们又对复杂的问题过于恐惧，结果被这些复杂的任务压垮。

总之就是好事多往坏处想，坏事多往好处想呗。

家瓦

在平静中你才能看得清楚

在平静中你才能看得清楚

在平静後 你才能
看得清楚

瓦瓦：

2009年，尤伦斯当代艺术中心“破冰”展览开幕的那天正好是元宵节，也是《给邱家瓦的三十封信》这套画第一次展出。也许是因为这个时间节点，所以我画了灯笼和舞龙的场面：

在大桥上有一大群小老鼠举着竹竿正在兴高采烈地舞龙。那些小老鼠本身也是一些灯笼。因为你属老鼠，所以那些舞龙的小老鼠，画的也是你。这条龙张牙舞爪，看起来相当可怕，仿佛马上要腾飞而去；但是它盘旋在大桥钢结构之间的身体的局部，却露出了支撑着它的主框架。可怕的东西，有可能是被操纵的，剥掉凶猛华丽的表皮，它只不过是一些玩具。所以，这里让小老鼠们来舞龙，还暗中包含了一种戏谑的意味，小家伙们可以游戏庞然大物——这本身就是“看穿”的智慧。

下面的江面上波涛翻滚、风起云涌，但是邱家瓦用竹篱笆在江水中围出了一片平静的水域。隔着竹篱笆，喇叭形的篱笆口处，汹涌的波浪逐渐平息。篱笆里面水面如镜。小小的邱家瓦站在小拱桥上，把平静的水面当作镜子，正看着自己。所以，这张画的标题叫作《在平静中你才能看得清楚》。

这张画的上半部分，小老鼠在舞龙，欢天喜地，闹腾个不停；而下半部分，你安静地站在桥上照镜子。这映射出了人的两种状态，所谓“动如脱兔，静如处子”。其实，人越是有平静的能力，他向外行动的时候就越是活跃而有力。

世界上很多心灵修炼体系都讲究静坐，不但佛教有坐禅，印度教有冥想，道士们有坐忘，我们中国的儒家也讲究静坐功夫。古代读书人说是要半天读书半天静坐，或者是白天读书夜里静坐，甚至有极端的人认为静坐比读书还要重要。静坐，不但能让精神安定，更能在安静中让万事万物的道理自然地浮现出来。这静坐，就是为自己筑起的防波堤。

佛教的和尚们要关在庙里面，并且制定出很多清规戒律，就是为了不让大家接触到过于乱七八糟的影响源。修炼者相信“由戒生定，由定生慧”。这里的“定”就是平静，心灵安定。在平静中，你就能看得清楚，你就能生出智慧。

佛教说要“八风不动”，所谓的“八风”，是指利、衰、毁、誉、称、讥、苦、乐八种处境。具体来说就是：得到好处，不要特别开心；运气不好的时候，也没有什么可怕的；有人夸你，当着你的面和背着你都没什么可高兴的；有人骂你，当着你的面或者背着你，其实也没什么可生气的；痛苦或者快乐，都不往心里去。这些处境就像风吹过，吹不动你，你反正都不为所动。

人如果达到了这个境界，就能成佛了，反正你爹我是做不到的。被人表扬还是会有点儿开心，被人骂还是会有点儿生气。你呢，那天给你一套冰墩墩，看你眉飞色舞的样子——咱们都还是凡夫俗子。

咱们凡夫俗子虽然做不到把外部的荣辱都不当回事，但是起码要做到对这些从外部而来的、动摇我们心灵的力量不反应过度，尤其是不要马上做出反应。有好事情来，憋一憋、放一放才宣布，不要让自己太开心；有坏事发生，如果不是急需处理的紧急情况，也可以先搁一下，不要马上被它牵动着伤心起来。太开心了，给自己浇一盆凉水是很有必要的；太郁闷了，想个小花招激励一下自己，也是很有必要的。这样，我们虽然无法做到“八风不动”，但放了一段时间才给出反应，这个反应就不会太激烈、太可笑、太出格。

世界上的事情经常发生反转，一时看起来好得不得了的事情，可能暗藏着祸患；看起来糟糕得不得了的事情，可能也有它好的一面。今天看着是好消息，明天情况可能就逆转了。所以，如果我们做不到完全不受外部世界的影响，起码可以延缓一下这种影响带来的反应。所以，遇事先静一下，为自己建一道防波堤，让子弹飞一会儿，这是我们这些修炼不足的人可以做到的。

其实人是可以主动调控自己的情绪的，我试过。当你心情不太好的时候，故意用力地大踏步走路，走着走着心情就变好了。体育运动、体力劳动这些让人流汗的事情都能调控情绪，所以我们给你安排了很多体育运动。而写书法、编织、拉坯做陶、砍柴做饭这些需要专注的活动都会让心情平静下来。反正我自己为自己创造平静的防波堤是写书法，写书法既能让自己平静和健康，还能挣钱给你买乐高，这件事情太划算了！哈哈！不知道你为自己准备的防波堤是什么？该不会是玩乐高吧？

我们去过的那座旧金山金门大桥，曾经有很多人去那里结束生命。那座大桥旁边的警察局里有一个老警察，每次遇到想要轻生的人，他就会跟人家说：“嘿！哥们儿，你明天打算干什么？”一些人会说：“哎，对啊，我明天跟汤姆约了一起吃饭的……”“我和露西约了一起逛街的……”这时候老警察就会说：“你先把明天那件事情做了，如果到了明天你还想来这里寻短见，我就不拦着你了。”老警察就用这句话，救了好多人。

爸爸

爸爸：

如果你问我是不是一个很善于保持平静的人，我的回答是：至少我外表看起来很平静。其实外表很活跃的人也可能内心是很平静的。

有什么办法来让自己保持平静？*Dare to Disappoint* 这本书告诉我们要有让别人失望的勇气。解释一下，这是之前我们学校让读的一本书。这本书讲的是一个被生活约束的人，她不知道自己想要什么，总怕得罪别人。这个人在土耳其长大，那里的人思想挺刻板、挺功利的，说女孩子只有当医生之类的才是最好的出路，学习成绩必须好，以后才不会被家里的男人掌控，画画唱歌这些事只能作为兴趣爱好，除了医生、公务员、律师这样的职业，其他出路都是不好的。于是这个小女孩就找不到自己的人生志向，因为她害怕让别人失望。其实只要放下别人对你的期望，你就会找到自己的志向。同样的道理就是，不要总想着别人怎么想，就算别人对自己失望也无所谓。如果能放下一些事情，人就会平静了。

每次和同学吵架，只要我没错，我都很擅长让他们感到内疚，而我自己心中可平静了。他们怪我的时候，我总能找出证据说我没错，心里还贼平静，别人怎么说我都不难受。我的心态就是你说了也没用，反正我不难受，你说这些只是浪费口舌而已。

我不会让别人影响我，会保持平静。如果我显得不平静，其实都是在表演不平静。我还真的特别会通过装作不平静，来让对方感到愧疚，让别人对我的态度转变，然后解决问题。所以我很适合去当演员。

而且，有些事情是有必要去保持不平静的，因为不平静也是完成事情的一种动力。像回信这件事情我拖延了这么久，我心里肯定就是很平静的，对吧？

邱家瓦

不要接受他们给你的定义

不要接受他们给你的定义

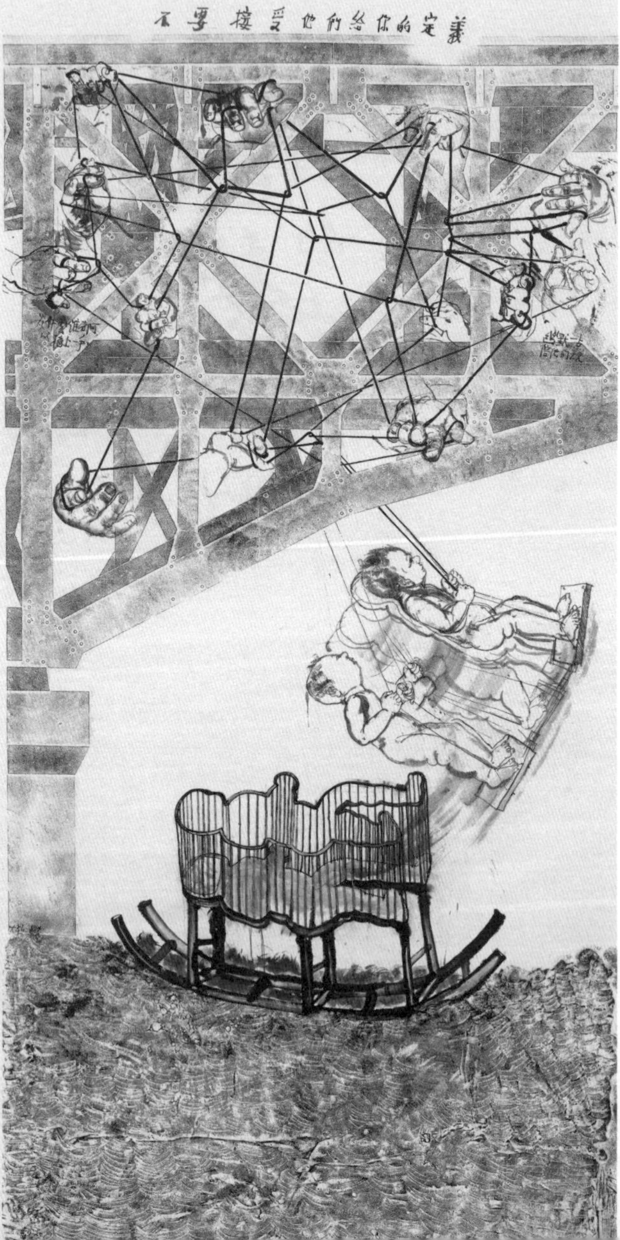
不要接受他們給你的定義

瓦瓦：

南宋的大词人辛弃疾，爸爸可喜欢了。一般大家都喜欢他的豪迈和悲怆，我呢，却喜欢他的可爱和搞笑。这哥们儿有一次喝酒喝醉了，第二天写词记录自己的丑态，说：昨晚上我醉倒在松树之下，居然醉眼惺忪地问松树我醉得怎样了啊？那松树一看我醉成这样就要来扶我，我一把推开它，说去去去！我没醉。

不过我在这里要跟你说他的另一首词："一以我为牛，一以吾为马。人与之名受不辞，善学庄周者。"辛弃疾说，这个人说我是牛，那个人说我是马，爱怎么说就怎么说吧，谁怎么定义我，说我是啥玩意儿，我呢，都照单全收，我是庄子的好学生嘛，随你们便。这就好像喝醉的人从车上摔下来摔不伤，因为本能的自我保护机制会启动。

这话你可不能真信。辛弃疾这是在说气话。他哪里是照单全收的顺应，他是全都拒绝——拒绝别人套在他身上的乱七八糟的标签。

人在世界上要遭受无数的误解，有些人就是喜欢给别人贴标签，因为这样做他们才可以偷懒，不用去面对世界的复杂性。定义让概念安分下来，意义不再到处乱窜，人就可以被归类、被管理，被放到博物馆的柜子里或者超市的货架上。所以总会有人要把你看作牛，有人要把你看作马。有人跑来告诉你，你是一个福建艺术家，你就应该画一点儿惠安女和水仙花，最多画妈祖，你为什么要去关心西藏？有人跑来告诉你，你是一个书法家，你研究科学史干什么？你就应该穿着件中式唐装每天泡点儿茶，烧点儿香。有人跑来告诉你，你是一个女孩子，你天天想着埃隆·马斯克会不会是个危险分子，天天想着“别敏计划”，还喜欢越野车，你累不累呀？有人跑来告诉你，你爸爸是搞艺术的，你为什么要学理工科啊？等等。他们给你下了这样那样的定义，觉得你应该按照定义这样生活或者那样生活，满足他们预设的模式。

外部的评价会对人产生心理影响，会对人的自我评价产生心理暗示。大家都说你严谨，你就告诉自己说我是个严谨的人，你就会越来越严谨；人们说你是一个散漫的人，你就告诉自己说我是一个散漫的人，于是你做什么事情都不认真，越来越散漫。

所以我画了很多只小手，它们从大桥钢铁结构的不同地方伸出来，正在玩翻花绳的游戏。而你从一个人形的摇篮中荡出来，离开人们为你建造的牢笼，站在一个秋千上，那个荡秋千的动态形态我参考了未来主义绘画和频闪曝光摄影的方式，画出了连续运动的样子。

每一个人总是生活在具体的时空里的，他有着与生俱来的身份，包括他的国家、民族、文化，他的社会阶层，他的性别，他的年龄……这些既定的东西，成为一种标签。

其实这些给定我们的东西，不是我们的定义，而是我们可以用来建设新的自我的原始材料；我们的使命就是用这些材料，再加上想象力和辛勤的劳动，来建构令人耳目一新的自我。人们无法依据这些限定来定义你，因为你是人，人是一个方案；人用想象力构建方案，由梦想、志向、理想做驱动，这些过程展现着人的身份。人会盖房子，会翻花绳，盖房子和翻花绳的时候会犯错误；而蜘蛛结网是从来不会犯错误的，蜘蛛结网和蜜蜂建造蜂窝几乎每次都一样，它们不会拿出图纸来规划要建一个三角形的蜘蛛网或者蜂窝。人会去做超越他的本能和身份的事情。

虽然有些事情注定永远做不到，是的，这是宿命，但是宿命并没有把我们锁死。人类世界并不是一座钟表宇宙或者命运纺轮，此前发生的一切并不会注定我们的未来，我们还有很多空间和很多时刻需要去做选择，做出这样或者那样的判断，成为这样或者那样的人。我们要为自己做出的选择承担后果，不能抱怨以前发生在我们身上的事情。如果我们的身份决定了我们只能这样做——如果是我们的身份让我们只能有唯一的行事可能，而不是我们可以自我选择和加以控制的，那我们就无须为此负责了；那我们就没必要赞美英雄而谴责罪犯，因为他们只不过是依照本能在行事。就像动物肚子饿了要进食、困了要睡觉，在本能驱使下的必然行为没有什么可赞美和谴责的。但是，正因为在一些关头，我们有选择，所以有的人选择舍生取义成为英雄，而另一些人选择苟且偷生成为鼠辈。

瓦瓦，刚才爸爸说的这些不是我的思想，是一个法国哲学家萨特的想法，这种思想叫作“存在主义”。爸爸从小受到这个人的影响，成了一个存在主义者。所以我总是不能安分地待在别人为我定义的抽屉里——人们为你制造的那个定义，就像那种卖中药的柜子，一格一格地贴着标签。人们觉得你应该是摄影艺术家或者版画家或者书法家或者水墨画家，你怎么可以去写文章、当策展人？多年来，我一直在努力地翻越这些定义的限定。我在你身上看到了同样的能力。这绝不是因为我们碰巧是同一个星座，而是因为我们从小玩的“胡说八道的游戏”，我们的星座和属相都充满想象力。

历史上，优秀的人总是超越他的归属。优秀的男艺术家总是带有几分女性气质，优秀的女艺术家总是带有几分男性气质。好的艺术家也总是超越代际的，他既不像“50后”，也不像“60后”，不像“70后”“80后”，也不像“90后”，他什么都是，也什么都不是。优秀的年轻艺术家绝不像别的年轻人那样只喜欢卡通潮玩，而是像个成熟的人一样关心历史和政治；而优秀的老艺术家总是永葆童心、天真烂漫。人成为什么样的人，取决于他把自己放进一个什么样的故事里，取决于他如何自我设计。所以，“无穷的远方，无数的人们，都与我有关”。

而人们一旦接受了来自外部的定义，放弃了自我选择和自我设计，就意味着他放弃了对自我的责任。这种外部的定义，倾向于使人们去抱怨自己遭遇的不公平，倾向于使人们看不到自己的选择所应该承担的责任，倾向于使人们不相信改变的可能。人一旦如此自我放弃，又何尝不是在慢性自杀呢？一些绝望的赴死的人，就是因为有人对他说：“你是一个没有希望的人，你已经没得选择了。”而他们居然信了。所以，这就需要有人告诉他们真相：不要接受他们给你的定义。

爸爸

爸爸：

我感觉不停地变花样，真挺酷的。但有时候装成别人给我们的标签的样子,也行。不过我装一天就够了，我不继续装。如果有人告诉我“这就是你的本质”，我就不理那个人了。

我非常同意你的观点。但如果有人说我懒散，我可能只会想办法证明我不是懒散的人。我这种人的性格就是这样，我就是叛逆反骨，你既然那么说，我就硬要证明你是错的，我要让你丢脸。

可是并不是每个人都能做到如此，世界上的大部分人都做不到。如果都像你说的这样，每个人都不听信别人的定义的话，大家肯定都能成才。如果每个人都不在牢笼里，都自由生长，那所有人都可以成为独特的人。可是实际上并不是这样的。有时候被人一说，有的人莫名其妙地就自暴自弃起来，这点是我们无法改变的。

其实现在已经比以前好很多了，因为现在有很多渠道能找到和自己志同道合的人，也有更多机会能找到真正会鼓励你的人。

瓦瓦

瓦瓦：

我记得你小时候，在我工作室里问我说："爸爸，这面墙有没有用？"我说没用，然后你就在那里叮叮当当，又画又涂。过了一会儿，你说："爸爸，这是我的个展。"我说："哇，好厉害，好棒，你的个展有主题吗？"你说："当然有了，我的主题是'国家大烦恼'。"我说好厉害，这个可以当威尼斯双年展主题展的标题。

接着你就开始把自己的画装订成一本，然后说："爸爸，我又出了一本书。"过了几天你又出了好几本。当时我特别开心，我觉得我只是自己在这里认真画画，你在旁边看着，就学会了认真做事情的态度。你不是在学画画，你学的是我画画时的态度。我在这个美术馆办个展，出了本画册，在那个地方又办了一个展览，又出了本画册。这些或许让你慢慢地意识到，办展览出书是成就感的来源，所以你也想出一本书，我觉得这特别棒。

你得到的是一种态度，这种态度就是：要不停地去创作，变着花样去创作，创作才是唯一的真实。

有了创作的欲望和创作的方法，一个人就可以突破陈腐的定义，也能够克服各种心理暗示。创作就是不断地判断，不断地选择，不断地超越判断。

你还学会了用创作来挣钱。你把你出的书以一块钱就卖给了陈志远，把你画的画以一百元卖给了牟森伯伯。但是志远太会砍价了，你被他忽悠了哈。大家都在用心地鼓励和培养你创作的欲望；而你，可以尽情地翻花绳。

爸爸

消耗的越多
得到的越多

消耗的越多，得到的越多

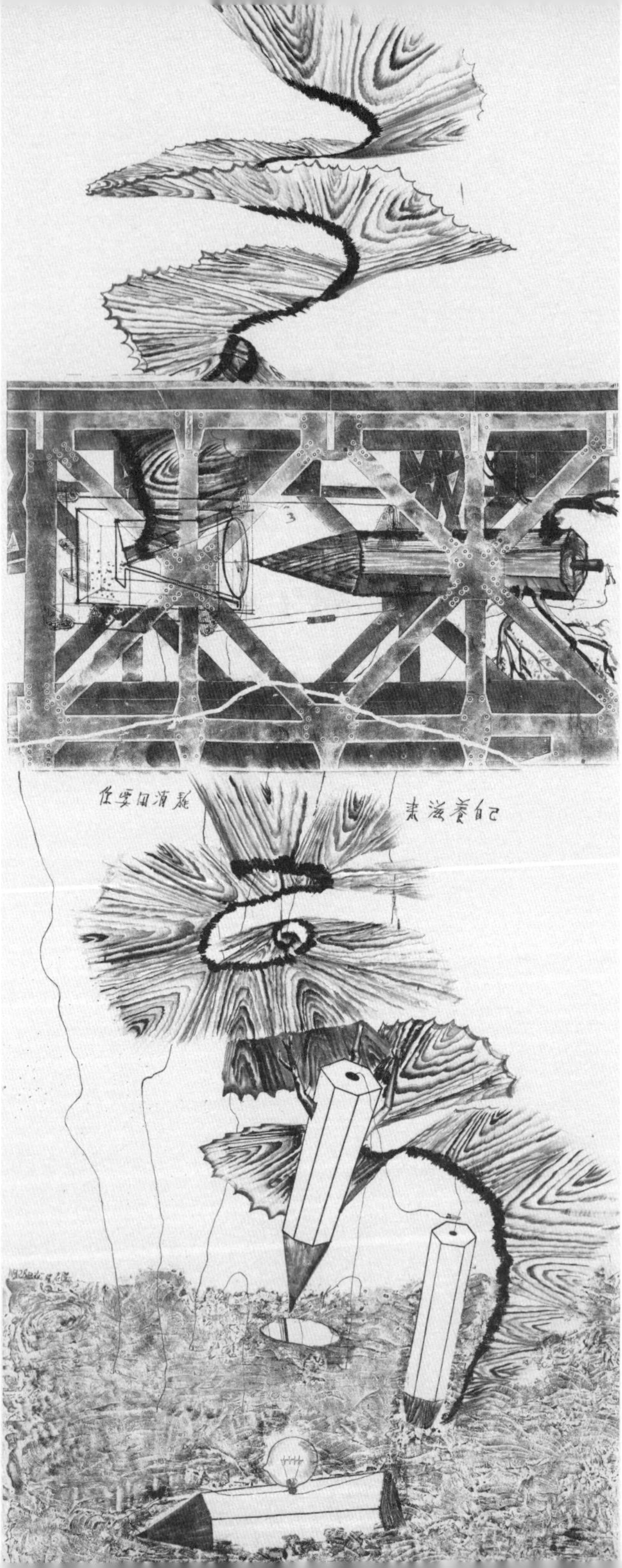

瓦瓦：

这张画的标题叫《消耗的越多，得到的越多》，写在画面上的文字却是“你要用消耗来滋养自己”。这句话出自对我影响很大的一位德国艺术家约瑟夫·博伊斯。他的原话是：“我用消耗来滋养自己。”博伊斯在什么语境下说出的这句话我并不知道，只是无端地喜欢这句话，第一次听到就莫名地被它深深地打动了，我想这一定是和我自己本来的一些东西有关。

瓦瓦，很多人说你爸爸是艺术家，其实我是一个不太正常的艺术家。别的艺术家通常是发明了一两个符号或者靠一两个做法获得关注之后，就不断地重复这个符号，捍卫它，使它成为自己的商标，然后想方设法扩大这个商标的影响力和市场价值，用它来赚钱。有些艺术家认为，他们做艺术是进行自我表现，我从来不这样觉得。有时候我觉得搞艺术是在为社会提供服务，有时候也觉得做艺术是在探索真理，但无论如何都不是在表现自我。自我有什么可表现的呢？表现自我对社会有什么意义呢？我想，世界上其实有两种艺术家，一种是为自己做艺术的艺术家，一种是为别人做艺术的艺术家；一种是为私的，一种是为公的。

我花了很多时间在学校教书，而有些艺术家在工作室里一张一张地画画挣钱。有一次，我的一个学生替我算账，说邱老师你到学校来上课每天要赔好几万块钱，工作室的订单堆积如山，但是你没有时间去画。我去学校教书绝不是为了挣学校的工资。我在课堂上讲课非常认真，备课非常认真，可以说是呕心沥血，很多朋友和学生都因此感动，他们觉得我在教学上消耗了太多的时间。但其实正因为我非常认真地教书，在备课的时候查阅大量的资料，才让我能一直保持研究和学习的状态；和年轻人交流刺激着我的思想活力，所以这么多年来我自己的艺术一直在进步。你看，这样用心教书，算是付出还是获得呢？正所谓“消耗的越多，得到的越多”。

有时候我和学生们说：“你们看，我星期六还来给你们上课，学校又不会给我发加班费。”这是玩笑话。如果每加班一个小时就得多要一个小时的加班费，这种劳动就是资本主义劳动；而我的劳动纯粹是为了自我实现，为了自我效能感，看到同学们有进步，就是我人生价值的自我实现。这时候，劳动是人的第一需要，这种劳动是共产主义劳动。在这种劳动中，劳动了就感到快乐；付出的越多，越是快乐，消耗的越多，得到的越多。

为了获得工资而劳动，这时候劳动就是痛苦的。老板让你挖一条沟，不给你钱你肯定就不挖了；老板拉着你晚上去和他喝酒并且给你发工资，你一定会放下锄头马上去和他喝酒，一般来说你不会闹着非要把这条沟挖完不可。我画一张画，有人给我钱，我很开心；但是人家突然不要这张画，不给钱了，我也还是会坚持把它画完。因为把这张画画完这件事情本身就快乐，有成就感。共产主义劳动就是要让所有的劳动都变得有点儿像是搞艺术。

做艺术真的是一件非常幸福的事，做艺术时获得的快乐就已经是最好的回报，不需要得奖也不需要畅销——哦不，当然还是要畅销，不能“只求耕耘，不问收获”，好的耕耘者还是需要收获的。即使有收获，我们还是要知道耕耘本身就是快乐。如果你做的艺术不畅销、不受欢迎，你可以用别的方式来挣钱，但还是可以继续搞不畅销的、不受欢迎的艺术，它带给你的快乐是无与伦比的报答。

瓦瓦，你虽然是一个艺术家的女儿，我并不觉得今后你一定要从事和艺术有关的工作，但我想，不管你做什么工作，它一定得在某种程度上是艺术。不一定是绘画、音乐或者戏剧，世界上的任何工作，只要富于想象力地去做，有创造力地去做，做到特立独行、另辟蹊径，做到不可思议、叹为观止，做到技进乎道，就都能够把它做成艺术。

在这张画里，我画了很多铅笔和刨花，铅笔塞进卷笔刀里旋转就会出现螺旋形的刨花。刨花盘旋而上，像烟一样升腾，占据整个画面。铅笔插入水面，水中似乎有很多个卷笔刀。我通过卷笔刀的这种图形画出了水里的旋涡，也画出了投进水里的人——铅笔不断地旋出刨花，那是无穷无尽的牺牲。水面上有一支铅笔像小快艇一样乘风破浪，上面安装着灯泡，那灯泡的形状是你的小脑袋的形状。铅笔芯是石墨做的，而石墨是能导电的。我在这张画里面藏着一件装置作品的草图，后来展在尤伦斯当代艺术中心的展览中，就叫作《导体及耗材》。铅笔用来书写，这种消耗就是必要的消耗，这种消耗就是获得；但无意义地制造螺旋刨花却只是牺牲。

我们在作出贡献的同时完成自我实现，也在作出贡献的同时获得心灵的平静和满足。如果把自己放在一个不断计算报酬的逻辑里面，你就会经常感到被亏欠。就算报酬丰厚，因为始终疑心还可以更高，你还是不会感到真正的快乐。而如果想着的是“我能贡献什么”，能意识到有机会去劳动，去付出，其实是自我实现和自我成长，你就会变成一个快乐的人。

所以，多做一点儿，多劳动，多贡献，才不吃亏呢。

你一定要学习付出，然后你会获得整个世界。

爸爸

爸爸：

你的学生们可能并不是这样想的，他们会想：这个老师怎么这么可恶，居然给我们上这么多的课，不来还显得怪怪的。

说实话，如果老师拖堂，但教得很认真，把我们管得很严，我是会喜欢这个老师的，但是我看班上大部分同学都会抱怨这个老师不好。

可是我感觉你说得有点儿太理想主义了吧。你可以这样做，那是因为你有能力，有能力加有理想。可有的人只有理想没有能力，有的人有能力但没有理想。

但你说要甘心吃亏我不同意。比如说有个同学污蔑我抄他作业了，我总不能跟老师说："对，我就是抄他作业了。"这样总不行吧。可是如果我没有跟老师解释的话，我不就吃亏了吗？这样的亏我肯定是不愿意吃的。

瓦瓦

瓦瓦：

对，可能有些学生会这么想，觉得这个老师好烦，但可能也会有学生觉得：哇，我以后也要这样去对待我的学生。可无论如何我就是这么工作的，也没饿死。

理想和能力的问题是这样的：当你有理想，你就会想办法去发展你的能力；如果你每天只是上班，反正劳动八个小时已经尽职尽责地看好了大门，拿着一点儿工资也问心无愧，不想要作更大的贡献，你就不会去学习、去提升自己的能力。如果你想的是要去作更大的贡献，可是现在能力不足，你就得去学习让自己具备这样的能力。不管是想作贡献还是为了自我实现，越付出——表面上看来是吃亏——最后的收获越大。

那个抄作业的事情中，你吃亏了，被误解了，那是信息差的问题，信息差的问题要澄清，否则会制造混乱，但这件事情并不涉及劳动。

在劳动中吃亏的情况是这样的：如果你是一个非常勤劳的人，你多劳动，可能会有人占你便宜，有一些人会不劳而获，这叫作“搭便车行为”——很多社会心理学实验研究过，本来很好的合作劳动，因为“搭便车行为”的出现，大家都开始偷懒不干活，最后就散伙了。

表面上看来那些人是占了便宜，因为劳动成果均分，付出的人是吃亏的。有一些人停留在那个傻傻的状态，有一些人则慢慢地成为越来越出色和有能力的人。能者多劳，多劳者越来越强。越强越多劳，越多劳越强，良性循环就这样发生了。这个进化的进程，今天恐怕还没结束。

爸爸

爸爸：

那我就不会感觉吃亏了。你想学校要做海报时，其中一半都是我独自做完的，我都没让他们插手。演讲的时候我也全自己讲，但是老师还是会给我们小组的所有人都打满分。小组讨论也都是这样的：我做所有的工作，然后另外几个人都懒得做。但是最后我在台上演讲的时候很快乐，真实的情况老师又不是看不出来。

你知道最搞笑的是什么吗？我认识一个人，他过来跟我炫耀，说他们组的工作都被某某给做了，他就在这儿闲着就行。我听到之后，心里其实都乐开花了——我不就是那个把工作全做了的人吗？

而且我觉得做个演讲不会占我多少时间，就算帮他们，就算让他们占我这点儿便宜，我也并没有什么损失，对吧？反正大家都看在眼里。

我还有一种奇怪的心理，就是我特别喜欢善待学习不好的人，我特别喜欢和学习不好的人分到一组，我感觉这样特别快乐，可能因为我自以为英明呗，这是自我实现吧？我挺喜欢自以为英明的，虽然这有点儿太自以为英明了，不过还是很好。

家瓦

不要忘记
你儿时的怀疑

不要忘记你儿时的怀疑

不要忘記妳 兒時的懷疑

瓦瓦：

我记得你八岁的时候，每天都会问我宇宙有没有边，你为什么会活在这个世界上，为什么会有你，你照镜子时看到的是不是自己之类的问题。我有当时拍下的录像为证。这些问题让我差点儿以为你是个天才，哈哈。现在你不太问这么酷的问题了，你也开始说初中班上的小八卦了，爸爸假装放心了，但也难免有点儿失落。

爱因斯坦说自己在成人之后，还一直在思考只有小孩子才会问的问题。一般来说，小孩子的脑力无法想明白这些问题，正常的成人也不再问这样的问题——他们只关心房价和堵不堵车。而爱因斯坦，他以成人的脑力来思考小朋友才会问的问题，于是成了爱因斯坦。我怀疑他这么说有点儿装，但怀疑之余也觉得不无道理。

你小时候读过的书——法国人安托万·德·圣埃克苏佩里写的《小王子》中，有个小孩画了一只正在吞噬大象的蟒蛇，他拿给大人看，大人说：一顶帽子有什么可怕的。于是小朋友很失望，心里想：这些大人，靠他们自己什么也弄不懂，还得不断地给他们作解释。这真叫孩子们腻味。这本书的作者抱怨说：大人们只关心数字，你无法对他们描述一座房子有多漂亮，你得跟他们说“这座房子值十万法郎”，他们才会觉得这座房子漂亮，这令人轻蔑和鄙视——

“那些大人就这样”。

这是人类所写出的文字中，对“童真”最好的赞美了。小孩子是懂得很多道理的。我记得小时候带你去景山公园看郁金香花，当时外婆教你说：“红色的郁金香像火烈鸟，白色的郁金香像鸽子。”回到家里，你说：“红色的郁金香像乌鸦，白色的郁金香像鸽子。”大人问你为什么要这么说，你回答说：“因为我说红色的郁金香像火烈鸟说腻了。”当时我很感慨，其实小孩子天生懂艺术。人们需要摆脱陈词滥调，就是要别出心裁、另辟蹊径地去表达，归根到底就是老话“说腻了”，于是想要翻新花样。

你小时候还说过一句妙语——“左手和昨天是好朋友”，有一阵子我用它来做我自己的QQ签名。这句话有谐音梗的嫌疑，但是“好朋友”将身体器官和一个时间节点连接，这脑洞让我产生莫名的诗意。

你我之间从你小时候就开始玩的“胡说八道的游戏”，也是这种放纵语言感受快感的玩乐：我把灯泡当作牙刷，那我把牙刷当作鞋底，我把鞋底当作毛笔，那我把毛笔当作蚊帐，我把蚊帐当作车轮，那我把车轮当作眼镜……胡说八道让我们快乐得乱笑，粉碎了规矩和套路。我很有意地在保护你胡说八道、异想天开的能力，希望你终生都不要失去这种能力。

在这张画里，一大群小小的邱家瓦在干各种荒唐事。小邱家瓦拿着扫帚扫清天上的云朵，别人“扫地”你“扫天”；两个小邱家瓦从一条鳌鱼的嘴里揪出它的骨架来，我是指望你当调皮小孩哪吒不成？右边那里写着“你要剥去他们的外衣”；小邱家瓦把一片雨帘子掀开要走过去；小邱家瓦把两束雨水打了个结；小邱家瓦从波涛的深处开了扇门走出来，走到楼梯口，拿着一把伞挡住了雨水，这个楼梯是横躺在水面上的。在这个地方我还偷偷写了一行小字——“你是永远的孩子”。

大人们确实会陷入到过分具体、功利的计较里，他们戴上了面具，他们失去了幽默感，失去了调皮，失去了游戏的动力。即使在游戏里，他们也只想着赢，他们把游戏搞成了竞赛，搞成了“更高、更快、更好”，连游戏都变成了上班劳动和工业革命。他们远离了诗歌和哲学。

诗歌和哲学，都是要从根本上把我们从习惯、套路、假正经和权威中解放出来，让我们回到天真状态——或许也是回归一个孩子的发问方式。

瓦瓦，你五岁的时候，我问你要什么生日礼物，你说：“我要一个有很多惊奇的大草原。”爸爸可买不起大草原，因为爸爸也有几分还是孩子，不善于关心数字。我给你举个例子——

有一次，某个奢侈品牌找了一些艺术家合作办展览，让某时尚杂志来采访我。那人说：“邱老师，我们有一个问题需要每个艺术家来回答。”我说：“您问吧。”

对方问：“如果你的心中有一座花园，它会在哪里？”

我回答说：“那不是在我心里吗？”

对方痛苦地惨叫了一声说：“邱老师，请您配合一下……比如有个女艺术家就回答说，那座花园就在她的子宫里，您看这么回答就很好嘛。”

我说：“好吧，那我的那座花园也在她的子宫里吧。”

瓦瓦，其实那片“有很多惊奇的大草原”，早就在你自己的心里了。爸爸这样的人，在那些已是大人的杂志记者看来可烦人了，一点儿都不通情达理。要是我学着《小王子》的作者那样，配合着给出他们期待的答案，说我心中的花园就在“喜马拉雅”或者“台北故宫收藏着的《兰亭序》里”，估计“大人们就十分高兴能认识我这样一个通情达理的人”。

这也是咱俩的悄悄话：“小孩子们对大人们应该宽厚些，不要埋怨他们。”

爸爸

爸爸：

“左手和昨天是好朋友”，这个我倒是觉得确实有一定的道理，挺合理的，不知道为啥。

我觉得有些人去过无趣的生活，也挺好的。他们无趣，才可以和那些有趣的人形成鲜明的对比。如果大家都是有趣的人，如果所有人都像你这样，那无趣的人岂不是变得很有趣？有趣岂不是就变成了无趣？

有时候我说了一句话，别人不知道该怎么回答，就默认是我把天聊“死”了。这并不能怪我，只能怪他们没有听懂我在说啥。

关于你说到的孩子们说的妙语，其实我现在已经没有能力去说那些小孩子的“胡说八道”了。我也不知道为什么不说了，我也不是不能说，我可能是觉得，类似于“冬天我的牙齿掉了，春天来了，我的牙齿又发芽了”这样的想法也太平淡了，太无聊了。

你知道吗，人们还被卡死在“只有春天才可以发芽”这个概念上。你知道吗，他们的想象力，也都没有想象力。

我认为这天已经被我俩聊“死”了，还好我自带免尴尬系统。

家瓦

天外有天
海内有海

天外有天，海内有海

天外有
海内有海

瓦瓦：

“天外有天”是一句老话，“海内有海”这个说法是爸爸发明的。

人们在说“天外有天”的时候，通常描述的是知识的广博和浩瀚。每一个地方、每一个时代的人其实都是井底之蛙，我们都以为自己的知识足以解释世界，但是一旦崭新的知识出现，我们就会发现，我们所处的世界曾经是那么狭小。我们受困于地域，也受困于时代，更绝望地受困于我们的思维模式。从某种意义上来说，我们都是囚徒，是我们习惯的囚徒，是我们认知的囚徒。人在没有科学的时候，身上套满了枷锁，可是他自己没感觉；他们不知道肚子饿了该怎么办，不知道哪一种蘑菇可以吃，那些有毒的蘑菇都能成为套在他们身上的枷锁。知识上的枷锁会变成心理上和视角上的枷锁，知识增长则意味着心灵的丰满。

我们把整个天空分成若干个天区，每个天区里分布着若干个星座。我们所看到的同一个星座中的星星，它们之间的距离可能非常遥远，只不过从地球的视角上看过去显得接近。我们看世界的视角严重地控制着我们的认知。看世界是这样，评估自己人生中的成败利钝时，我们在很大程度上同样也是在这样一种有限的视角中去作判断。

所以在这个画面里，站在南京长江大桥钢结构之间的邱家瓦手里揪着线在放风筝，那风筝本身是一片星空，她把这一小片星空从整片星空中揪下来了。天空出现了一个破洞，露出了星空后面的天空。那上面依然有另一层云朵在飘荡。

钢梁的下面吊着一个起重葫芦，它把一大块立方体形状的江水从长江中拔出，像是从江中切割出了一个方块；水面上浪花依然在翻滚，而立面上出现了各种海螺的剖面，整个方块还滴滴答答地往下滴水。我在前面跟你描述过挖沙船在长江上行走让我意识到了“水体”，在这张画中“水体”再次出现。

我很认真地研究过各种海螺的剖面，每一个海螺都是伟大的建筑师，它们用了尽可能少的材料、最合理的结构搭建起抗压性极强的建构。或许我说“海内有海”，说的就是每一个海螺内部又有一片大海——它有自己的结构，有自己的平静和动荡。这种认知本身，让我们焕然一新。

瓦瓦你看，那些海水一层一层的，就像一个考古坑。那一整个方块的海水也像从考古坑中掏出来的土方。考古坑的剖面上层层叠叠的地层标示着不同的年代。我们平时站在地面上，很难采取一种纵向的视野去想象：从这里挖下去，层层叠叠的地层中曾经发生过什么？多了这样一种视野，我们就不再是简单地站在一个平面上，我们还站在时间的维度中。

瓦瓦，所以我们不要当井底之蛙，我们要设法看到天外的天，海内的海。你说，要怎样看到这些呢？

我想，第一个层面是视野。我们可以通过登高扩大我们的眼界，看到更远的地平线，“欲穷千里目，更上一层楼”，这是读书学习可以获得的，是吧！第二个层面则是翻转整个系统，你遇到堵车，想到的除了怎么绕路，可以思考怎么让汽车飞起来或者搭建立交桥、挖管道，从根本上解决堵车的问题。第三个层面涉及自己整个思维方式的更新，我们的思维方式特别容易进入到一种套路化的状态里，人一钻牛角尖，就成了井底之蛙。要抵达后面这两个层次，光有科学知识就不够了，还需要艺术。

瓦瓦，这也是为什么爸爸一直在做“科技艺术”，而且，我从根本上觉得科学和艺术有着内在的一致性，能让我们超越套路，打开蒙蔽着我们心灵的黑幕。人的视野打开了，思维灵活了，就能看到更多的出路，而不会被堵死在死胡同和牛角尖里。看到了开阔的天地，人就不会走投无路，自寻短见了。

专此。

爸爸

爸爸：

你问我能想出什么办法来突破“只从最表面看问题”？有哪些办法是可以帮助我们突破的？我觉得，别去想它，自然就突破了。只要不想它，不刻意去想它，有一天莫名其妙就会悟出来的，不会永远卡死在那里面。你觉得呢？

还有就是多读别的观点呗，要是只读一种观点，当然就只能往一个方面想了；如果从不同的角度去想一件事，当然就钻不到牛角尖里了，因为有太多的牛角尖了，你都不知道该钻哪一个。

我同意你说那些拒绝科学的人身上的枷锁更多。可是就像你说过的，要保持儿时的天真……会不会有时候知道了太多东西，反而就没有办法保持天真了？再来给我讲讲什么样的艺术可以保持人类的童真，举个例子呗。

瓦瓦

瓦瓦：

知道太多东西而失去了天真，佛学里面称之为“知见障”。很多艺术品都能起到我说的那种把人拉出常规的思维定式的作用。

你看我在南京长江大桥上割破自己的手指头写了一句：“马达加斯加的首都在哪里？”一般写血书的都是想轻生的人，他们都会写“我爱某某某”“当爱烟消云散……”“又一场爱在这里见证……”“这个世界太丑恶了”之类的话。所以大家看到栏杆上的血书会以为又是想轻生的人留下的，结果一看上面写的是：“马达加斯加的首都在哪里？”这时候，答案是什么并不重要，重要的是一个问句把人从一个狭窄的语境中拉出来了。

你看那个意大利雕塑家老头儿吉塞普·佩诺内(Giuseppe Penone)的作品，我觉得就很天真，那棵树长到这么粗肯定活了二百多年了，但他掏出的里面的一棵小树，可能是活了四十年的一棵树，他再挖得更细一点儿，小树里还有一棵小树，它可能就只有十岁左右。他等于找出了那棵树小时候的样子。我们都忘了，树上的一个疤，其实就是一枝正对着我们的树杈的截面，是吧？这样一来，今后我们每看到一个木方子都会想到里面藏着一棵小树呢。能想到这个，就是天真啊。

你再看这个，我把一棵树给切下来，切成好多的多米诺骨牌，每一张上面都有年轮，从最细的树杈到最粗的树干，这些年轮就像管道、树枝分叉、小河汇入大河。所以，每棵树都是两条河流：树干树杈是一条河，树根是另一条藏在地下的河流，两条河的出海口刚好对在一起。

瓦瓦，你看，这不就是像小孩子一样想问题吗？看到事物的另一个层面，不是往深处想，而是翻转视角，突然间发现天可以撕下来一片，露出天后面的那层天。我们站在这个院子里面，能感觉到地下一层一层的不同的时代。

瓦瓦，你倒是非常佛系，以为不去多想，自然就能突破视野和心智的狭隘。如果真是那样就好了，天下就没有狭隘和偏执的人了。但其实不是，你自相矛盾。你自己也说可以通过多读不同观点来超越牛角尖。超越的视角，是需要工具的，也是可以锻炼和学习的。最主要的工具就是科学和艺术，当然，还有哲学。所有的工具，都是为了让我们更通透，更开放，更自由。

爸爸

隧道的出口不只在发光的地方

隧道的出口不只在发光的地方

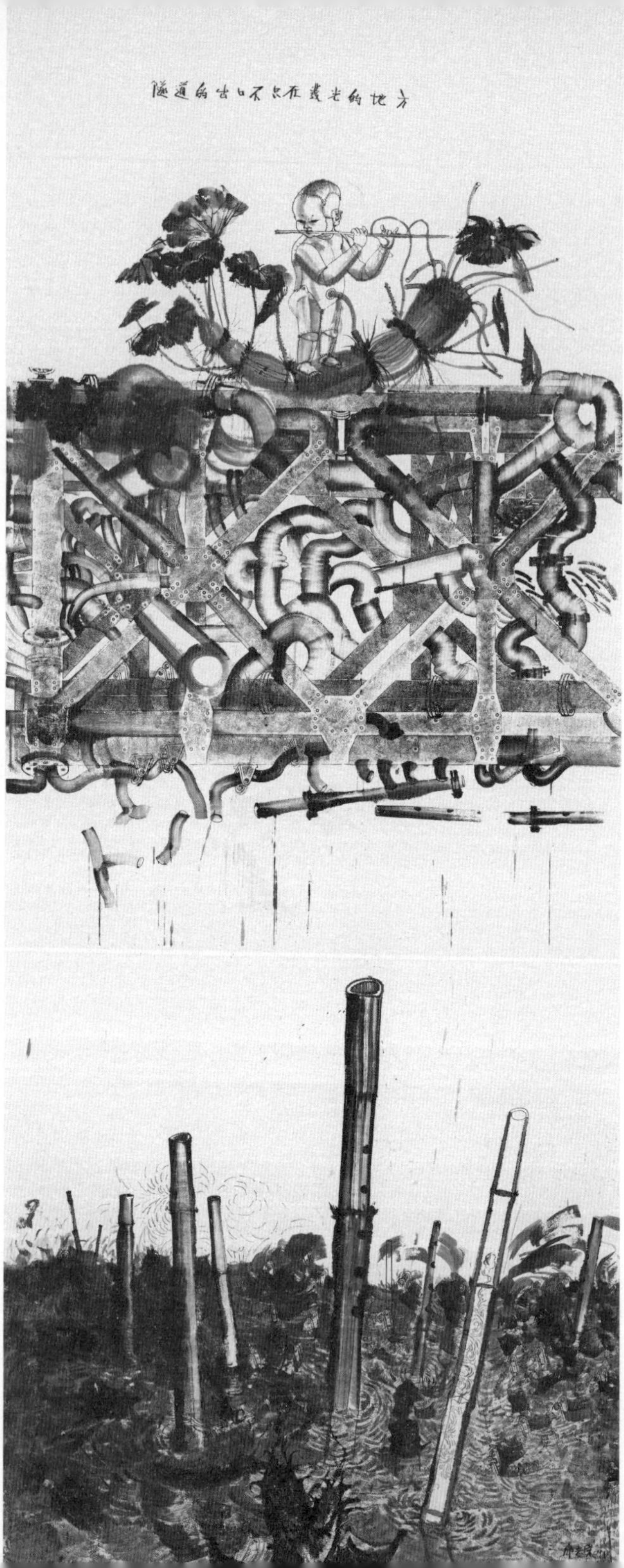
隧道的出口不只在发光的地方

瓦瓦：

我们来看这张画。整个南京长江大桥的钢结构部分被我画了很多管道，这些管道盘根错节，像船舱，像肠子，有阀门，还有万向管，它强调了工业感和机械感。这些管道之间互相连接，像一套周密的系统。这个邱家瓦被我画得像一个铁皮人、机器人，她的肚脐眼儿上有一根管道通向她脚下面的莲藕，她吹的笛子上也有一些管道通向莲藕，藕节里长着荷花。你看，每一株植物其实都是由多种管道组成的，这些纤维素构成的管道负责运送水分和营养。人体和藕连在一起，藕又跟这些工业的机械管道连在一起，整个世界由管道连接起来。

画面下方的水面上长出了竹笋，又长出了很多竹子，竹节上开了孔，竹筒变成了笛子。右边有一支竹子被切开，呈现出剖面，似乎是在表现声波在竹筒里回荡弥漫的样子。这张画的标题叫作《隧道的出口不只在发光的地方》，这是什么意思呢？

瓦瓦，你已经上初中，开始上历史课了。我不知道你们现在的历史课上讲不讲“历史观”。

有些历史人物会说：“历史潮流，不可阻挡，顺我者昌，逆我者亡。”他们相信历史是要不断往前进的，而且这种前进有必然的方向。这些历史人物高瞻远瞩，看到了历史前进的必然方向，高喊一声：“大家跟我来，就往这条路走！”如果大家不往他指出的方向走，就是违背了正确的历史方向，就应该被消灭。他指出的那个方向，就在历史这条隧道的尽头，发着光。

我说隧道的出口不只在发光的地方，意思是说，那个发着光的隧道出口并不是一种必然，它不是唯一的可能性。

在历史的隧道里面，你只要拿起一把铁锤，东敲一下西敲一下，咚咚咚咚咚咚，敲敲这个隧道壁，一敲，发现这边声音空洞，用力一敲，就把隧道壁给敲破了，你就可以从这里走出去，外边或许正是一片旷野。这个隧道中可能遍布这样的空洞薄壁，通向各种各样的空间。我们的历史完全可能是一支笛子，而不是一条隧道。

但是隧道——尤其是隧道尽头发出来的光，会造成一种错觉，让我们以为那是唯一可以走的路。它压制了我们的历史想象力，妨碍我们寻找发散的可能。这样一来，我们就无法在不同的历史方案之中进行理性的选择。

我这代人，从小就认知了一种历史观，一是认为历史总是在进步的，是向上发展的；二是历史发展有自己的内在规律，不以人的意志为转移。“历史规律”这种东西慢慢被理解成“历史有必然的前进方向”，每个人都要好好领悟这个方向。正确领悟的人会走在对的方向上，进而取得胜利；而领悟错的人则会失败。

对全人类来说它叫历史，对个人来说它就叫命运。如果我们的历史观是这种隧道式的历史观，我们的人生观也会变成隧道式的人生观。其实在人生中，我们一样可以拿一把锤子去东敲敲西钻钻，去把隧道变成笛子。

变成笛子之后，我们可以选择想要走哪一条路。大多数时候我们会尽可能理性地比较来比较去，选择我们认为最安全、最好玩的一条路；有时候根据道德要求，我们会选择某一条路走下去；有时候我们比较不出好坏，难以判断，也会用抓阄押宝的方式选择；一条路走下去不太妙，我们也愿赌服输，有时候或许也可以悔棋重来，转换赛道。可能性很多，但绝没有哪一条路是注定非走不可的。我觉得，如果能这样想，人就不容易想不开了，因为他更开阔了，知道人生还有别的出口存在。

如果有人告诉我们，我们的人生会发生什么都是早就注定了的，我们只是按照剧本表演的演员，那就太不好玩了。

历史也是这样吧，我们可以选择把历史拽向我们想要的方向，它也许并不是早就注定好了的。

爸爸

爸爸：

我自己听书已经从黄帝听到三国了。

我们现在的历史课都没有讲你所说的历史观，也许是因为我们还没有学这么深的东西。课堂上我们只讲以前的历史，并不预测未来啥的。

但我们基本上还是一样认为，人类历史是会前进的，不会倒退。还有一个非常那啥的说法，说人类一定会去火星。但是其实这些都是不一定的，只是一个想法，是众多想象中的一种可能。我就认为人类社会可能发生巨大的倒退。比如说，我的科幻小说里面就写到过，有的科技被遗忘了，曾经非常辉煌的文明会全部消失，或许某个新文明会崛起。

我觉得历史规律都是靠自己想出来的，哪有老师会一点儿一点儿地把规律告诉你呢。人创造历史呗。当然历史里不只有人，可是对人类来说，是我们在创造历史。

历史并不是某些人预测出来的，他们可能只是觉得这种方向是最好的，但终究还得由人们自己做的选择来决定。

就像你永远不可能知道明天会发生啥，你也没法儿说明天我就必须得怎样怎样，所以你也不能说历史以后必须得怎样怎样。你对未来只能去做一种预判或者设想，但不能认为它是必然。

就像今天，假如说我被某所名校录取了，但是明天我去不去上这个学校，也是我自己的决定。

瓦瓦

瓦瓦：

你的历史观还挺积极的。

但有的人就认为，你之所以会作出这样的决定，也是由你此前的东西所注定的。你被这所名校录取了，你去不去那里读是你自己的决定，但是你之前的遭遇、你之前受的教育、你的家庭等等，都注定了你只能决定去那里读。这叫作“决定论”。它没有算命先生的“宿命论”那么强硬，认为宇宙是一座精密编程的钟表，我们的生活只是到点就跳出来敲钟的小人。“决定论”认为我们有自由意志进行选择，但我们的自由意志其实是被塑造出来的，我们的背后有决定一切的力量。

你会怎么反驳他们？

你觉得这里面有偶然性吗？一个人有没有可能做出一种跟他的身份背景非常不一样的选择呢？如果有，又是什么力量使他做出这种选择呢？

爸爸

爸爸：

我觉得我是同意这个“决定论”的，很多事确实是因为我曾经的经历决定的。假如我从小就被灌输着说必须得考上一所好的大学才能有出息，我肯定也会认为去上那所大学才是最好的决定。

无知的人会被洗脑。为什么会有人去给别人洗脑？对，比如秦始皇焚书坑儒，他可能就认为自己的方向才是对的方向，是在讲道理。

瓦瓦

瓦瓦：

我觉得秦始皇焚书坑儒，可能恰恰不是因为有这种历史必然在握的自信，那种自以为掌握了“必然性”的自信是很傻的，秦始皇这哥们儿反倒是深知历史的真相，明白历史可以进步也可以倒退。他早已预感到那些讨厌的儒生们会阻止他所设计的历史前进的方向。

他意识到：他要大家往这边走，而那些儒生会鼓动大家往另一个方向走；那些家伙的煽动力可能是很大的，他们个个能说会写，所以必须杀死他们。这说明他对自己想象的“历史前进的必然方向”没有那么自信。要是他傻傻地以为历史前进的方向早就注定了，而那些儒生只是螳臂当车，最终会变成历史的笑话，那他一定会一笑了之，不会那么残暴了。

爸爸

你不用在他们的
比赛中成为胜利者

你不用在他们的比赛中成为胜利者

瓦瓦：

我们今天的世界已经成了一个越来越热衷于比赛的世界，人们到处进行攀比，比谁家住的房子更大，比谁开的车子贵，“虎妈”们担心孩子输在起跑线上，甚至有人总觉得自己天生的长相不够漂亮，一定要把自己整容成著名演员的样子，等等。所以我说你不用在和他们的比赛中成为胜利者，意思是你要创造你自己的游戏。由于这个游戏是你发明创造的，你是唯一的参赛者，你是标准，也是唯一的胜利者或失败者。当别人都在比赛如何尽早地走出迷宫时，你要翻转认知模式，迷宫的出口就在上面，就在天上。你往上一飞就能离开这个迷宫，根本不需要在同一个平地、同一个维度上和别人比赛谁最早走出去。

在这张画的上半部分我画了两辆跑车，而邱家瓦变成了一只蜗牛，头上长着蜗牛角，背着一个大蜗牛壳，趴在那儿妨碍人家赛车。我在这里写了两行小字：“对于流线型似乎很难提出反对意见”——因为跑车为了获得较快的速度都是流线型的；但“流线型也可以成绊脚石”——因为蜗牛壳也是流线型的。

在画面的下半部分，长江的江面上有各种船在进行划船比赛，有皮划艇，有赛艇，也有中国式的龙舟，真是“百舸争流”。这时候邱家瓦用一个铁锚把水面钩住，水面像一块布一样被掀开来，底下露出的空间中还隐现着船的龙骨，这样一来就破坏了比赛。

在这个大桥的钢结构中间，高速行驶的火车被翻转过来，邱家瓦站在轮子上捣乱——她拿了几个铁钩子把云朵给钩住了。大家都在比速度的时候，她在玩别的游戏。

体育运动本来是为了健身，是追求健康的。虽然从古希腊奥运会的时代开始，人类就在搞比赛，但比赛成绩只是健康的表征。工业革命以来，我们把一切都变成了生产。生产是有指标的，健身被数据化了，健康被指标化了，体育变成了一种“纪录体育”，所有的运动员都在追求破纪录。

不光在奥运会上是这样，在日常的健身活动中，也会有人建一个微信群刷步数，展开比赛，甚至把手机绑在狗身上刷步数。这时候，健康本身不再是目的，“赢”变成了目标。

人们争强斗胜的天性泛滥开来，在一切地方都能展开比赛。连肉体都可以开展竞赛，甚至出现了选美比赛。本来这样的人有这样的美，那样的人有那样的美，他们是凭什么评选出第一名和第二名呢？来自竞技体育的这套比赛模式，慢慢地变成了所有游戏的规则。但是艺术这个游戏无论如何也不应该设置比赛，一个小说家跟另一个小说家、一个诗人跟另一个诗人比赛？你说莫扎特更好还是贝多芬更好？

我们的社会应该鼓励每个人做独一无二的自己。

当每个人都另辟蹊径、发明属于自己的游戏时，这个世界会有趣得多，宽容得多，丰富得多。

比赛在一种情况下是有趣的：如果你旁边都是跑得慢的人，你自己也不会跑得太快；而如果你和一些跑得比你快一点儿的人比赛，你就能跑出你自己最好的成绩。这时候，比赛是一种鼓励自己的方法。有的艺术家在创作的时候也是存了比赛之心的，争强好胜之心会让一些艺术家在技艺上精益求精，走极端。但是一旦有了比赛之心，往往也就让这样的艺术钻进了牛角尖，在一些既定的游戏里面打转，视角不再开阔了。

很可能，比赛是一种更适合体育的方法。但即使是体育比赛，也不都只比力量和速度。有的体育项目，比如足球、篮球，需要战术和配合；有的体育项目则为个体较量。

瓦瓦，生在这样一个竞技的社会和时代，你一生中不得不参加很多比赛，也不得不追求“赢”。说实话，我也不希望你真的输掉那些比赛……我承认，在这一点上我是很矛盾的。或许我想说的只是：你得输得起，因为你还有别的游戏，不要把那些比赛当作唯一的游戏。在那些无法避免的比赛中，你要能输、敢赢；而在可以发明自己的游戏时，你要用崭新的玩法来代替比赛。

爸爸

爸爸：

我不觉得争强好胜是人的天性，我觉得我就不是竞争型的人格。

我感觉和别人竞争没啥意义。虽然你说比赛能激励你，但是……怎么说呢，它并不能使你找到一个真正适合自己的方法。因为比赛是有规则的，必须得按照他们的规则往前走。说不定你可能不适合那个规则，一加入比赛，你的思想就变得刻板了，被植入这个比赛了，那你就没办法让自己去找到更适合自己的路径了。

我感觉和别人竞争挺没必要的，因为就算抱着这样的心态，就算在某个方面赢了，又能怎么样呢？顶多出去吹吹牛说我学习好了什么的。但是“赢”并不是努力的原因，努力的原因最终是为了自己。如果是为了超越别人才努力的话，又有什么意义呢？还不如自己好好努力，然后找到一些和自己志同道合的人。

如果像你说的，遇到了非比不可的情况，也不用自己发明比赛，发明自己的方法就行了。

用同样的方法跟他们竞争是没有意义的。比如比赛读书，他们的规则就是疯狂地、尽可能地多读书，我如果加入了他们的比赛的话，也开始读特别多的书。但是有一天我发现有一个人他读的书远没有我多，但为什么他的知识比我的多呢？可能是因为他有一个比较好的老师带他进行深入的思考，可能是因为他找到了一个获取知识的捷径，上网查之类的，也可能是因为他更会做笔记。但我可以改变规则，我只挑书的重点来读（我读书就是只读重点）。我改变了学习的规则，就不用像他们那样按照很古老的、刻板的规则一直往下学了。我有了新的规则。

当然，这个规则并不是不讲理的，只是一个自己发明的捷径而已。用这个规则可以让我变得更有效率，然后自然而然可以赢他们，不需要和他们在同一个平面上比赛。如果在同一个平面上比赛，可能再努力也比不过他们，那我就很弱了；但如果我发明一个新规则的话，我就可以很快地超越他们，因为这个规则比他们的更先进，比他们的更发达。

瓦瓦

瓦瓦：

我很好奇你说自己不是竞争型人格，真的假的呀？我看你对发明新方法来赢得比赛还是兴致勃勃的呀。

关于比赛，我觉得有两种方式。

一种是在一个比赛中把一个规则掌握得很好，用独特的方法把符合规则的玩法做到极致，然后迫使人们不得不去修改规则。以中国乒乓球队为例，因为中国人打得太好了，每次都垄断冠亚季军，这么一来，以后乒乓球比赛就没人看了，于是国际乒联修改了规则，把21分制改成11分制，把直径38厘米的小球改成直径40厘米的大球，以便给弱者机会。现在的乒乓球运动，已经和当初英国人刚发明乒乓球的时候很不一样了。我们几乎可以说，中国人重新发明了乒乓球运动。未来如果人人打篮球都打得像乔丹一样好，篮球的规则也会因此发生改变，比如可能会把篮球场变大等等。

另外一种则是跳出系统思考。大家开饭馆，都在比赛如何把菜做得好吃，而有个人把饭馆装修得很好看、很舒服，也吸引了顾客；大家都在比赛怎么让顾客到饭馆里来，有个人发觉其实目标是让更多的顾客吃到自家的饭，于是送饭上门，所以就有了外卖。这些都属于跳出系统来思考的例子。跳出系统思考，其实是把比赛的范围扩大了。

对我来说，通过遵守规则来迫使规则修改的人很酷，跳出系统思考的人更酷。能做到这些的人，其实都很像艺术家了。

爸爸

你的态度决定了你的深度

你的态度决定了你的深度

你的態度決定了你的深度

瓦瓦：

在这张画的上半部分我画了个风向标，风向标上的那只鸡被我换成了邱家瓦的剪影，风向标的一头还停了一只鸟，这只鸟画得比较接近传统国画；上面那个香炉是你可以摇的，手柄摇起来，插在香炉里的螺旋钻头会转起来，或上升或下降，像是烟。风向标周边都是气流，但这些气流不知道为什么都变成了既像动物的骨骼又像是羽毛的东西。往下看，有两只小胖手在接套管螺旋的套管。再往下是一个树根做的锚——上面又长出好多树根，这些树根还包覆着泥土；我们知道锚是在船只停泊的时候用来确保稳定的。画面的最下面是一个水里的涡轮，水流推着涡轮转动，安装在上面的螺旋形的钻头也随之转动。

从最上面的香炉到最下面的涡轮之间，有一根隐形的轴线。轴线断断续续，但是轴心不曾偏移。

这张画叫作《你的态度决定了你的深度》，每个人做事情的态度决定了他最终能够把事情做到多深入的程度。深度在这里约等于做事情的质量。为了获得深度，我要说的是什么态度呢？是专注吗？我试着来说说看，看能否说清。

其实我们做艺术也好，做事情也好，做生意也好，做人也好，态度都是核心。你是否足够认真非要把这件事情做好，你是否足够重视这件事情，很大程度上会影响这件事情的成败。

日本有一个书法家叫作井上有一，他给自己一个要求——“日日绝笔”。他每天写字时都假设自己第二天就会死去，把每一张字都当作最后一张字来写。这样一来，在这一张字里面，他就会用尽他所有的专注去写。你想象一下，一个人如果把自己的每天都当作他生命的最后一天来过——这是我留给世界的礼物，这件作品就是我最后一件作品——那这件作品一定会呈现出它的分量来。如果你想的是：我以后还有机会再做得更好，这张马马虎虎就可以了，那这张就注定不会特别好。

有了这种“日日绝笔”的态度，一个人做事情就会全力以赴，而且也会挑选事情做——我所做的每一件事情都是非做不可的，可做可不做的事情我就不去做了。这样，在面对那件事情的时候，我就会拿出最大的能量、最郑重其事的态度。在这种“郑重其事”中，因为当真，因为把这件事情当回事，你会逼出自己的解决之道、创新之道，会逼出自己的工作能量和创造力，事情就会做得很好。“郑重其事”这个说法很接近于中国古人说的“正心诚意”，或者说是“意志”或“愿力”。

这话说起来有点儿太“理想主义教育”了，不知道你们现在的佛系青少年听起来会不会觉得不可信，但“愿力”恰恰是个佛学词，不知道地藏菩萨的大愿，根本不能叫真佛系。“愿力”说的是誓愿的力量。世间之事，无愿不成。强大的愿望会激发出巨大的能量，使人做出很多平时做不出来的事情。很多事情的成败只在一着之差，遇到困难的时候，两强相遇勇者胜；在突发的灾难中，往往是求生意志的强烈程度决定了谁最终能活下来。一般船上的锚是不够用的，一个锚要进化成树根，树根会深深地扎进土里，抓住土壤和岩石，“咬定青山不放松”。这是一种坚韧的存在，有了坚韧的态度，就能水滴石穿，绳锯木断，小豆芽也可以顶开压在它上面的石头。

很多愿望看起来具有自我实现的能量，强大的愿望，一旦发愿，甚至会激发出很多潜意识的行动，让我们时时刻刻朝向发愿的目标努力。这就是所谓的“念念不忘，必有回响”。

当然，仅有愿力是不够的，发愿之后，还得要有执行力。强大的愿力对发挥执行力会有所助益，虽然这不是自动地自我实现。

有的人会说，一个人太投入，太专注，愿望太强烈，一旦无法实现，生死以赴的事情失败了，那岂不是强烈受挫，反而容易想不开吗？我要说，当这种“愿力”足够强大的时候，人甚至可以超越成败得失，即便是看起来绝无希望的时候，依然会“知其不可而为之”，不到最后毫无机会，不到终场哨子吹响，总还有希望。而就算没有做成这件事，由于你的努力，以后的人接着做，总有做成的一天。成事不必在我，这才是最大的“愿力”。这个说法是不是听起来有点儿耳熟？这就是愚公移山和精卫填海的逻辑呀！

因为失败受挫而想不开，其中部分原因是自恋，觉得失败了没面子，或者是害怕从头再来，回到原点继续努力。有个人，做生意被骗走几百万，自己还剩下几十万，他用这笔钱周游全国，到所有自己想去玩的地方玩了一圈，最后来到大桥上结束生命，他在袜子里还塞了一万八说是自己的“上路费”。其实几十万完全够一个人东山再起，但是他撑不住了，放弃了，那恰恰是愿力不足的表现。

爸爸

爸爸:

我好像最喜欢这张，因为看不懂，所以才好吧。对，它很神秘，跟鬼故事似的。我感觉把这张画拍成恐怖电影，效果应该特别好，尤其是那个枯树和人偶，看起来都特别可怕，是绝妙的噩梦素材。

那个日本人的“日日绝笔”，时间久了之后他会不会就习惯这种感觉了，然后就不再有之前的初衷了？有的人一想到反正明天就死了，今天就及时行乐不工作了。我感觉我就是这样的人。我要为了未来去奋斗，我有了未来，才有努力的动力；如果我都没有未来了，我还不如及时行乐，对吗？我将这次作为练习，我把它做到最好，我以后才有可能把它做得更好。这些练习都是为了未来做铺垫，只有铺垫得好，未来才会好。

我觉得我学习成绩挺好的，是因为学习让我快乐，虽然并不是所有学习都带给我快乐。学钢琴是快乐的，学骑马是快乐的（虽然我现在几乎不学了），学芭蕾舞是快乐的，学英语也很快乐（是真的挺快乐），学数学其实也挺快乐的。我就比较容易快乐。我能够从学习中获得快乐，有了这种感觉，学习就能学得好。虽然有时候我也不写作业。不写作业就是态度不好，对吧？可我为啥照样很快乐呢？

瓦瓦

瓦瓦：

你的信让我太开心了。你能够从学习中感受到快乐，你就基本上不需要老爸担心什么了。我篡改一句套话——“世界上没有什么问题是学习解决不了的，如果解决不了，那就继续学习。”

你对“日日绝笔”的质疑也很有道理，那是因为你所处的立场不同。你是学习者，你在吸收，在输入。艺术家是创造者、生产者，在输出。比如说，到了我现在这个年纪，我就会特别理解井上的那种态度，就是我要留下点儿什么，所以我每件作品都得倾尽全力去做。

你现在抱着学习的态度，做一切都是为了使自己的能力得到提升。你在学习的过程中所产生的作品，它本身的品质反倒不是那么重要，这是学习的态度。但是学习的态度也可以做出深度，有很多人在学习阶段就开始输出很有价值的东西了。而且，人生并不能把学习阶段和输出阶段完全切割成两截，实际上，每个人都是终身学习者。我到现在也还在每天疯狂地学习。当然，理由跟你一样，学习使我快乐。

你说你是因为快乐所以爱学习，我能不能说，从学习中感到快乐，这本身就是一种态度，甚至是一种能力。

态度和感觉互为因果，在我看来，是一种态度决定了你在学习的时候快不快乐。如果你的态度不对，你就不会感到快乐；而当你感到了快乐，你就会强化这个态度。——此处有循环论证的嫌疑。

专此。

爸爸

没有什么比温柔更强大

没有什么比温柔更强大

沒有什麼比溫柔更強大、沒有什
麼比真正的力量更溫柔

瓦瓦：

这张画的最上面，有一些毛线球往天上飞，它们拖着毛线，那是很柔软的东西。下面，邱家瓦在揪着这些毛线，把毛线球当风筝放。

你一边放着毛线球风筝，一边在看那个印度老头甘地的纺车。甘地的纺车其实是一个很脆弱的小竹器，它的左右两边都是巨大的钢铁齿轮，它用一种非常柔弱的“非暴力不合作”的方式就把强大的英国人给赶走了，所以柔弱的方式反而强大。

在大桥下面，邱家瓦倒挂在这里，迎着螺旋桨刮出来的风在读一本书。螺旋桨吹出来的风是非常有力量的，它能推动一个那么沉重的集装箱巨轮或者航空母舰前进。你手里的书如果翻开一点点，就等于是船舵在改变方向。你可以用最轻柔的方式，站在关键的位置，四两拨千斤。

水面上有一座两层的磨盘，是以前磨豆浆的那种石头做的磨盘，不知道你见过这种东西没有。磨盘里面磨出来的东西会进入江水里，而磨盘在水面上好像形成了旋涡，因为它在转动。可是，是什么让它转动的呢？是从水里面生出来的一枝枝柳树叶，也就是风在让它转动。吹着柳枝的风是很温柔的，是“吹面不寒杨柳风”。

石头磨盘是沉重的，但轻柔的柳枝就能让它转动，想必它有灵活的轴承。我猜想磨盘自己已经想要动了；自己心里想要转动的磨盘，早就是一架跃跃欲试的风车，一丝微风就能让它转动。

你看我们此刻窗外的春天，气温默默升高，花就全开了，“随风潜入夜，润物细无声”，这就是温柔的力量。当最强大的力量强大到不可抗拒的时候，每时每刻的改变就会不知不觉地产生，像季节交替，像昼夜不停。这是大自然的启示。人性很可能也一样。当一个人信心不足的时候，他就会忧虑烦躁，会患得患失，会歇斯底里地大喊大叫，会采取暴烈的方式。因此暴烈呈现的是人的紧张和心虚，暴烈的方式其实是以攻为守，看起来咄咄逼人，其实内心十分害怕，充满防御。当你拥有很强大的实力时，你充满自信，你能够洞察自己的强大，反而会沉稳、有耐心。当你需要去促成某种改变的时候，你会克制地运用自己的力量，和颜悦色地对人说话，表现出温柔。

这也是为什么我们经常会看到一些看起来特别柔软的东西能战胜特别强大的东西。《老子》说：“上善若水。水善利万物而不争；处众人之所恶，故几于道。”又说：“天下莫柔弱于水，而攻坚强者莫之能胜，以其无以易之。弱之胜强，柔之胜刚，天下莫不知，莫能行。”他说水是最强大的，因为水是最柔软的，即使最硬的石头也会在水的冲刷下变成鹅卵石。后来中国的兵法强调以弱胜强、以柔克刚，也都是沿用《老子》的思路，用水来打比方。

但是兵法中的妙计，其实通常都是在实力不足的情况下才需要用到，通过妙计去以弱胜强。这却不是我想说的意思。当你实力足够强大，可以碾压对方，你有一百万人的军队而敌人只有十万人的军队时，你是不需要用妙计的。你只需要包围对方，然后写一份和颜悦色、语气柔软的信过去就可以。水能够穿石，一方面也是因为资源足够多，源源不断的水日复一日地持续冲击石头，才会磨穿它。

也可以说，先获得了强大的力量，就可以用温柔面对一切。至于如何获得强大的实力，要靠积累、靠学习、靠创新、靠合作；而温柔的态度，本身也是获得力量的一种方式。

从某种意义上说，人一旦获得了足够的实力，就可以温柔处事，不管是对敌还是对友，对人还是对己。对敌人，用温柔来打败他；对朋友，用温柔来给他支持；对自己，用温柔扩大自己增长的空间。

而面对那些以暴烈的方式包围你、攻击你、残害你的力量，你也可以这样想，它们对你不温柔，说明它们外强中干，其实不可怕，不要被它们吓倒，它们是在害怕你。所以，你更要温柔地对待它们，用你的温柔击败它们。

爸爸

爸爸:

我知道了。就算我不是很强，但是平时我也不爱生气。虽然不爱生气也不一定就是温柔。

你上次说的弹簧我倒是听得很明白，弹簧有弹性，能收缩退让，但其实是有力量的。

你说强大的人会温柔，这点还是挺真实的。我们同学打游戏，那些实力不是很强的人喜欢炫耀，那些实力特别强的人反而都特别喜欢“收徒弟”。你知道啥意思吗？就是说真正强的人一般都喜欢照顾新手。

瓦瓦

关于黑暗和光明的知识都只是幻象

关于黑暗和光明的知识都只是幻象

瓦瓦：

我们这个世界上最不缺少的就是算命先生。算命先生们甚至根据规律为自己设计了最优套路：夸少年，吓中年，哄老年。有人说你前途光明，有人说你前途黑暗，这些预言其实都是幻象。

这就像那个半杯水的问题，有的人一看杯子说："糟糕，只剩半杯水了！"有的人会说："哟，太棒了，还有半杯呢！"悲观主义者和乐观主义者看到的是一样的半杯水，结论取决于他们固有的心理定式。把世界描述成光明的或者黑暗的，那其实都不是真的，世界怎么样，取决于你自己。

有的人天生倾向于把事情都往坏里想，凡事净想着坏的可能，这种人容易焦虑；而有的人把一切都往好里想，也容易走到另外一个极端——期望越高，失望越大。这和我前面信中说的"愿力"还不一样。"愿力"是在默默努力，但这种傻呵呵的乐观主义是相信好事情会自动发生。盲目乐观者，一旦看到黑暗就崩溃了，接受不了。

不同的人在气质上有先天的区别，但在很大程度上还是受到了"论述"的影响。乐观主义和悲观主义各有一套说法，说法也就是"论述"，这种"论述"会渗透在文化里面，成为群体气质。比如在巴西有个大姐就曾经告诉我："我们巴西人要拯救世界。"我问她："为什么？"她说："因为我们快乐，而且我们不知道我们为什么快乐。”日本人的文化可能就偏向于悲观，花开花落都能让他们感伤半天。

我们中国的文化是一种相对比较理性的文化，所以我们讲究中正平和，顺利的时候要居安思危，悲伤的时候也要哀而不伤。中国文化起源早，我们的文字系统成熟得非常早，很早就用纪传体史书取代了神话故事，所以较理性。

但凡神话发达的文化，多因文字系统成熟得晚。在没有文字的时代，人们靠口传故事，为了容易记，就用唱的方式，如唱史诗。哪个部落跟别的部落打仗了，哪个部落有个英雄人物，他特别英勇，干掉了好多个敌人。要是有文字记录，他永远就是个英雄首领，文字记录不容易变形；要是用唱的呢，唱着唱着，唱到第三代，这英雄就有三头六臂了；传到第十代，他已经变成神了，就成了神话。

我们中国的《尚书》里面记录下来的《汤誓》《牧誓》之类，都是成汤和周武王的战争动员——恨不得是讲话原稿，原始的历史档案。文字传抄就算有些错误，也不至于把周武王变出三头六臂。所以中国的神话不太发达，我们有历史。

在这样理性的文化中，我们中国文化中的精英，不会被乐观主义或者悲观主义忽悠，他们会居安思危，时时防止乐极生悲，在最艰苦的情形下、在绝望中也相信历史，相信努力可以改变现状。笨蛋皇帝有时候被和尚、道士忽悠，不要脸的官员也会给皇帝献上祥瑞，忽悠皇帝说前途光明。但那些忽悠别人的人，心中其实明白着呢。

预言未来，本身就是在塑造你的未来，它会对你的心理产生影响。如果有人告诉你，你的未来将是黑暗，你的心理受此暗示，未来可能就会走向黑暗；有人告诉你，你的未来将会平庸，那么你就有可能会放任自己，于是你真的平庸了。对人生有什么样的预见，本身就是给人生设置了一种脚本。读过脚本和没读过脚本的人，在行动时是不一样的。脚本本身就是塑造，就是规划。

从某种意义上说，不是小说和戏剧在模仿生活，而是我们的生活在模仿小说和戏剧。一个人最终会成为什么样的人，取决于他的自我想象，而他的自我想象则来源于他把自己放进一个什么样的故事里，这些故事来源于神话、小说、戏剧。因此我们可以说，预言你的未来光明，可能让你更自信，更努力，从而让你的未来真的光明；但你也可能因此高枕无忧，放弃了努力。而预言你的未来黑暗，其实就是埋下了诅咒，你很可能会因此感到绝望，放弃努力，你的未来因此变得黑暗。

所以，理性的中国人，不相信注定光明的未来，也不被人们描述的黑暗世界吓倒。

这张画中，小邱家瓦站在水面上，举着手电筒照向上方。这束手电筒的光照在一个星星上面，这个星星是镜面的，旁边写着“镜面折射光线”——

这个面折射出一个三角形，那个面折射出另一个三角形，散开后的反射光变形拉长，映照到四周。

下面，在江水内部（我们知道大海底下是黑的），又有一个小邱家瓦拿着手电筒在往前走，她手中手电筒发出的强烈光束把黑暗给撑开了。周边密集的黑暗像弹簧一样，手电筒的光射过去的时候，这光束中的小孩子们用手撑、用脚蹬，七手八脚地把黑暗给撑开了。你看这些小孩子的动作画得多生动啊！我画这些形象当然就是因为你小时候太会踢了，太会蹬了，哈哈！

瓦瓦，我在这里画的是一个非常勇敢的小孩，她在黑暗中用一束光去撑开黑暗，她并不相信这黑暗是世界的真相。

你只要往前走，点亮光，你就能驱散黑暗。

爸爸

爸爸：

怎么画面里又是邱家瓦，我都烦这小屁孩了！

读你的信读到一半的时候，我就想，我可真是个悲观主义者。可是整封信都读完之后，我感觉非常奇怪，因为我不悲观也不乐观。为什么会有人特别悲观或者特别乐观呢？我觉得这种好或坏的感觉其实总是在变来变去的，并不是靠别人告诉你什么。一个人有时候可能本来很乐观，后来不再乐观了，并不是别人说了什么，而是自己的感觉在变动。可能每天都有不同的事情给人不同的刺激吧。

在我的身边，我感觉有些人不能用悲观和乐观形容，有些人是挺颓废的。你知道吗？他们认为……他们几乎就放弃自己的人生了，及时行乐，天天苟活。现在这样的人其实挺多的。

你说悲观和乐观的“论述”都是在忽悠人，你这样说我害怕了。

我星期一有场考试，所有人都跟我说简单到爆炸，然后我就表示那我肯定能考好。现在你说对方都是在忽悠，这倒让我害怕啦。所以你可别再继续说忽悠这件事了，我宁愿相信这场考试是简单的。

怎么会有人来忽悠我们呢？都什么年代了。

家瓦

瓦瓦：

难道没有人拿黑暗来恐吓你们吗？我觉得有。

比如说有人告诉你，不好好学习，考不上某大学，你就会万劫不复。那个“万劫不复”，就是黑暗的幻象。其实真到那一步，也不会万劫不复。眼睛适应了黑暗，黑暗就不再是黑暗了，你会在黑暗中找到光明。找不到的时候，就打开手电筒，划亮火柴，你来制造光，你来充当光。

也会有人告诉你，只要考上了某大学就万事大吉了，都没有问题了，这也是幻象。这个世界上没有一劳永逸，也没有彻底失败。再糟糕的境遇都不至于万劫不复，再好的处境也都不是千禧至福。

有人忽悠孩子，有人忽悠股民，有人忽悠历史。哈佛有个日裔教授福山，他就曾忽悠大家说“历史终结了”，结果被今天的世界“打脸”。

鲁迅先生说过一句我很喜欢的话：“绝望之为虚妄，正与希望相同。”绝望是虚假的，正如希望是虚假的。那么我们怎么办呢？不怀不切实际的希望而胡乱自我激励，也不被假设的绝望所控制而无所作为，以超然的心情做积极的事情。

像你前面信中所说的，学习本身就是快乐的。那星期一的考试是否简单、考得怎么样，反倒不是那么重要了。只要你在学习中体验到了快乐，你就一定能从学习中获得真正的光明。就算看起来很重要的一场考试考砸了，也不是那么重要。我们投入到一件事情里时是全力以赴的，投入时的心态就应该是不计较眼前成败得失的——也就是说，以无所谓成功、无所谓失败的心态努力工作。

有了这种心态，我们就可以在黑夜中做灯，带去光明；到阳光下去做伞，遮蔽烈日。

爸爸

巨人的沉没总是缓慢的

巨人的沉沒
總是緩慢的

瓦瓦：

2009年，在尤伦斯当代艺术中心举办的那个展览，我本来非常想把展览取名为“巨人症”——这是我在南京长江大桥上感受到的东西。可惜后来尤伦斯的法国馆长觉得这个标题有点儿像在骂他们是798里的巨无霸，一定要把标题改成有乐观情绪的“破冰”。当时正好是金融危机最严重的时候，他希望“破冰”这样的名字能为大家带来一点儿希望。

我还为此做了一件作品，这件作品由两部分构成：一个部分是在很小的汽车模型上面装着摄像头，它拍着另一辆在南京长江大桥上开着的汽车模型，汽车模型很逼真，因此周围大桥的栏杆都变成了摩天大楼，周围走过的行人也都变成了巨人；这件作品的另外一个部分，是十来个正常身高的成年人推着一个巨大的轮胎经过南京长江大桥（有的工程机械上装有那种四米高的巨大轮胎）。在这件作品里面，我试图通过强烈对比引起人们内心的震动。

工业革命之后，人类有能力去建造一些巨型构造物，包括巨大的体育场、巨大的飞机场和火车站。这样的地方是群众聚集的地方，但是它是超身体尺度的，如果不和几万个人在一起而是自己一个人待在这样的空间里，人会感到恐惧，感到不安。我记得上海的东方明珠电视塔建成之后，从南京路看过去，会看到一个球状的庞然大物，像极了比利时画家马格利特的绘画作品。有一次我看到几个巨大的飞艇在杭州西湖上空掠过，还看到过一群工人在北京 T3 航站楼那巨大的龟背状停车楼顶上维修玻璃，在那些时刻，我对庞然大物都产生过这种不安感。当然也许这是我自己心理有问题，看到这种超身体尺度的构造物会产生一种奇怪的感觉。但或许这种感觉并不是我一个人所独有的，这是人的本能，我把它称为人类的“巨人症”。

强者建功立业，热衷于构造庞然大物，不管是埃及的法老还是中国的秦始皇。明朝的皇帝朱棣曾经想要为他父亲造一块世界上最大的石碑，他把南京郊区汤山的几座山头凿了下来，一座山被凿成石碑的底座，一座山被凿成碑身，还有一座小山被凿成碑额，都等着被运走，这个时候朱棣才发现，世界上根本没有一种运输工具能够搬运如此沉重的大石头，只好放弃建造石碑。那个地方现在成了一个风景区，叫作“阳山碑材”，十分荒诞。这种“巨人症”在工业革命之后被极大地放大了，人类造出了泰坦尼克、航空母舰、B52 轰炸机这样的庞然大物。

好，现在我们来看这张画。下半部分有一只船正在沉没，它有点儿像泰坦尼克号，沉没中的巨轮甲板上有很多鞋，很像是大家一起跺脚，把这只船给踩沉没了。从锚的地方长出来很多树根，把船变成了一个废墟——在厦门鼓浪屿，有好多以前的老房子整个被不断生长的榕树根包围并挤垮了。水面上还有很多鞋，鞋里面都是土，土里长出了草。每只鞋其实也是一只小船。小船可能一下子就翻了，但是大船的沉没是很缓慢的。泰坦尼克号沉没的时候，人们还能有一点儿时间往救生艇上跳。

大桥的钢结构中央是一个灯泡，这个灯泡的形状是邱家瓦的头形，它是个孵化灯，用它的温度能孵化周边鸟巢中的蛋。这些蛋，有的是蛇蛋，有的是鹤蛋，有的是鳄鱼蛋，有的是乌龟蛋，还有恐龙蛋——但恐龙再也不会被孵化出来。接收了灯光的热量，蛋壳中的声音如雷贯耳——蛋壳里面的那些动物都急着要出来。但是如果出来得太早会早产死掉，所以裂开的冲动需要加以控制。到了画面上方，条件成熟，孵化完成了，蛋壳裂开，从这些蛋里面飞出各种物种：鳄鱼，乌龟，蛇，鸟……它们还在蛋壳中的时候，我们并不知道里面是什么。

相信上苍，要知道他的慈悲眷顾你一如眷顾他人。各种各样的物种，都有各自生存的办法。在巨人的边上，除了巨人，大家也应该有各自生存的空间。

瓦瓦，爸爸画这张画的用意，也许是想要告诉你：应该给小人物、小东西生存的空间和足够的尊敬。伟大的事物尤其有令人恐惧的一面，但也只是显赫一时的功业。“万里长城今犹在，不见当年秦始皇。”

爸爸

爸爸：

我觉得你很奇怪，为什么对这些明明很正常的东西充满恐惧？我感觉大的不是很可怕，除非那个大的东西正在往下倒。小的才可怕。

我在很大的地方，就算只有我一个人，我也没感觉有多恐怖，除非有其他因素的影响。你说超身体尺度本身就是很恐怖的，我为什么感觉不恐怖啊？按照你这样说，比如一座很高的山，它不也是超身体尺度的吗？你在山上会感到可怕吗？山不会让我害怕，但是人造的巨大的建筑会不会让我害怕，尤其是自己一个人的时候，这我还真没有经历过。不过我大概率不会害怕，就算只有我一个人在我们学校的大体育馆里站着，就算教学楼里只有我一个人，我都不害怕。还有，自己造的平台为什么要害怕？

我觉得那个阳山碑材好酷，那个机场好帅，你给我看的那些大轮子和大机械都好厉害，好漂亮！我感觉它们并不可怕。之前去滑雪的时候、爬山洞的时候，我都没有感觉可怕，有一个山洞里面还有原始人留下的遗迹，那个山洞还特别大，我都没有感到害怕。

像这样的大的东西，我不会害怕它，因为它是人的手可以掌控的。就像我骑马，马不是也比我大吗，但是它不可怕呀。就算是掌控不了的东西也并不可怕，那个掌控不了的东西开始针对我的时候才可怕。可它并没有针对我，并没有要倒在我身上，把我压死，所以它并不可怕，如果它真的有一天倒了会把我压死的话，那才可怕。如果是一个有牙的恐龙站在我面前，那才叫真的可怕。

一般来说，我们觉得这个东西不会失控，是因为人类制造了它，制造者心里肯定都有把握，知道它不会失控，所以才会接近它。

我喜欢这些大家伙，因为它们太有力量了，我觉得它们很帅。你想,如果我们可以操控这些东西该多好，这么厉害的工具都掌握在人类手里，岂不是很棒？假如说有一天它们真的开始针对人类的话，那才恐怖呢。

它们是有可能会失控的怪物，可是并没有失控。多大的可能性也终归只是可能性，没必要因为可能性就感觉恐惧。虽然有可能性，有不确定性，可是那个可能性和不确定性还没有发生，所以目前不用觉得害怕。

为了做出这样的东西，确实会牺牲很多人。可是有时候，有了这些牺牲才会让社会变得更好吧。

瓦瓦

瓦瓦：

牺牲很多人来把社会变得更好……这个想法要适可而止。你记住，中国古人说“一将功成万骨枯”，“伤心秦汉经行处，宫阙万间都做了土。兴，百姓苦；亡，百姓苦”。

英国的政治学家托马斯·霍布斯写了一本书叫《利维坦》，我们之前说过读书只读要点，我也喜欢把每一本书归纳为三句话。《利维坦》这本书归纳为三句话大概是这样的：

1. 人类若处在相互为敌的战争状态，则我总是担心你要袭击我，你也担心我会袭击你，我们就都提防着对方。这是一场一切人对一切人的战争（War of all against all）。

2. 我们出于理性，订立一个契约，就是我不袭击你，你也不能袭击我。

3. 如果你违背契约袭击我，那就由国家惩罚你。我们每个人放弃一点儿自己的权力交给国家。国家的目的是确保人与人之间的和平。

近代以来的政治学家一直在思考如何把权力关进笼子里。这个问题恐怕是你今后会长期遭遇的。尤其是你喜欢科幻小说，科幻小说一半是关于科技发展，另一半就是乌托邦文学，而历史上的乌托邦文学其实都是政治小说。不过对此我们也不用急于下结论。

我也在想：这是不是代沟？可能不是，因为现代主义艺术初起的时候，确实有一些人对大机器、大建筑的出现感到欢欣鼓舞，他们和你一样认为对这些庞然大物充满了操控感，另一些人则和我一样忧心忡忡。也许这是农耕时代的自然崇拜怀旧病。

爸爸

谁也无法禁止你偷着乐

谁也无法禁止你偷着乐

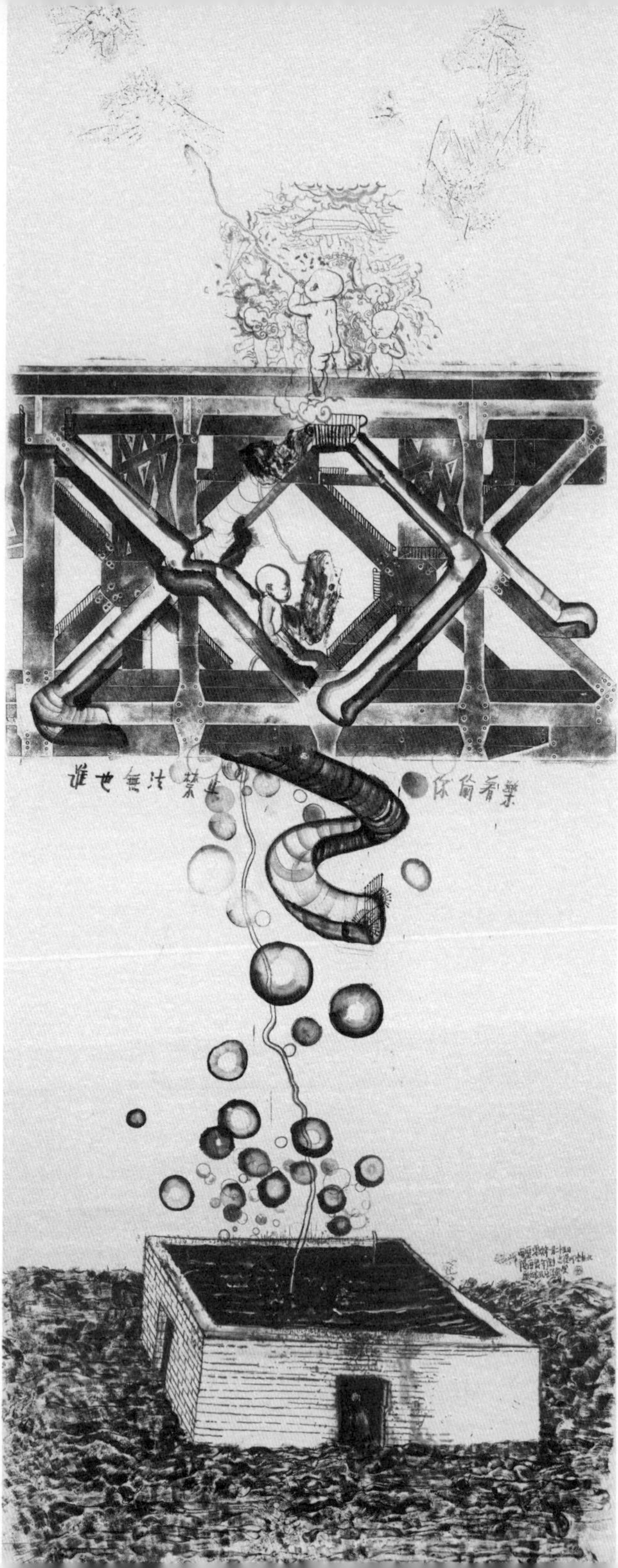
誰也無法禁止你偷看樂

瓦瓦：

这张画叫《谁也无法禁止你偷着乐》。水面上这个城门的造型是南京的四方城，也是明成祖朱棣给他爹朱元璋造的陵墓。这个朱棣很有意思，他想象这个四方城是明孝陵地下城墙露出地面的一座城楼，很有点儿当代的大地艺术和观念艺术的意思。我根据这个做了2009年展览里面的装置作品《失败之城》。此刻，邱家瓦可能正躲在这个城楼的水里面吹肥皂泡，所以这水中不断地冒出肥皂泡来。在中部的大桥结构中，邱家瓦弄了一个滑梯在这里玩。大桥的桥面上，小邱家瓦也是玩得不亦乐乎，在吹肥皂泡，在玩手影游戏，在往天上的云海中放纸船，在倒立，在扔纸飞机。

这个世界上有很多事情需要规矩约束和严肃对待，它们正经、威严，要求人们持有敬畏心。重大的仪式在人的内心形成规矩，完成规训，促成人的转化，值得敬重，这完全没有问题。但这种严肃感也经常被滥用，尤其被虚弱的权威所滥用。很多本来不需要严肃感的地方也经常要借着威仪来强调价值，这未免好笑。

有的社会，全社会从身体到心灵都穿上了制服；有的时代，这种滥用造就了一种装腔作势。这种社会或这种时代，总是严肃和紧张有余，团结和活泼不足，人们严谨、坚定、稳重、可靠、刻板、不好玩、不有趣。

柏拉图先生想象的“理想国”疑似就是这么一个地方，那里的人在智慧的“哲人王”的治理之下，有德行，守纪律，合理分工。柏拉图要把诗人们都逐出理想国，因为诗人们游手好闲，天天玩弄文字游戏，胡说八道，追求好玩，会败坏大家的严肃性。

瓦瓦，像你这样从小被父亲带着玩“胡说八道的游戏”，如果活在“理想国”里，该怎么办呢？

谁也无法禁止你偷着乐！

即使在理想国里，你也可以找到一个空间来自己偷偷玩。即使人家把你关在监狱里面，你依然可以在监狱里面做白日梦，在那里偷偷地想入非非。这种想入非非的能力其实证明了人内心的自由，内心的自由来自阔达的精神世界。强大的内心世界可以对冲外部无奈的现实。

每个人的心中都有一个洞穴，衣柜打开，走进去就是一个“纳尼亚世界”或者“桃花源”，或者是“小王子的星球”。你随时可以退回自己的内心世界，玩自己的游戏。

比如说你生活在纳粹集中营里面，你看到一个纳粹军官在那里趾高气扬，牛哄哄、恶狠狠的，你就想象他放屁的样子，想象他蹲在厕所里面发现没带纸的样子，你就会在心里哈哈大笑起来。你一定要憋住，不要在脸上流露出讽刺的表情，不要让他们知道你有多么自由！

你要学会在内心放声大笑。

当我们强有力的时候，我们要用最强大的善的力量去克制暴力；但当我们无力的时候，幽默感是我们对抗暴力的最后的武器。

要知道，有的人就是要禁止别人偷着乐，有的人就是要道貌岸然地发号施令。所以极端的情况下，在最严肃的压垮人的场合里面，你的内心依然要有一种幽默感在摇头晃脑、挤眉弄眼。你看得到这种暴虐权力的虚弱，就敢去亵渎道貌岸然的正经，虽然我们是弱小的人，但我们拥有某种反抗的武器。

有时候我们也难免会想开玩笑、插科打诨、胡说八道，这种任性的、肆意的快乐好像是一种不太尊重权威的快乐，这种快乐是如何进入我们人性的基因的？按照达尔文的理论，那一定是因为这种东西在我们的社会中起着什么作用。

苏联的文艺理论家巴赫金是这么解释的——他特别关心狂欢节——我们不正经地发出一阵阵放肆的、简直是瞎胡闹的恶搞的笑声，它会消解掉某种道貌岸然的、一本正经的刻板的生活。他觉得这样的东西对人的健康是有用的，人需要这样的东西。

古代欧洲有一种制度，在狂欢节的某一天，人们会让一个小孩来当国王，即“一日之君王”。这个小孩可以胡乱签法律，把犯人放出来等等。狂欢节的时候，大家也可以不管平时的礼节，跳到地主老爷的桌子上去胡闹，颠覆整个权威的等级。大家需要这种东西，它能缓解我们在理性、刻板的生活里的压力，最终它很可能是社会治理的一个手段——允许大家在节日里不正经，干一些荒唐事情，从而起到缓解压力的作用，这其实是心理治疗。能够开点儿玩笑幽默一下，这个严肃的制度对我们来说就不会那么变态了。

巴赫金觉得必须得在节日的时候才能这样开玩笑，所以他其实不是颠覆者而是维护者。

我们如果把这个开玩笑的态度用到自己身上，就变成了自嘲。防御性地面对外部世界需要幽默感，面对自己时也需要幽默感。面对自己的失败，自己的装腔作势，自己的贪婪、滑稽、古板或者愚蠢，自己的虚弱和可笑，保持幽默感，让这个自己批判自己，和那个无能无奈的自己和解。或者说，通过最恶毒的自嘲，把自己从那个无能无奈的社会角色中拯救出来了。

经常自嘲，多练习自嘲，人可能就不会想不开了。

亲爱的，多自嘲。

爸爸

爸爸：

我不是完全能明白“狂欢节”有什么用，它并不会让这个国家变得更好，它带来的只是暂时的快乐。

确实，现在有很多很多的影视作品、文学作品和游戏里，都有一个这样的设定：你自己脑子里面是一回事，脑子外面是另一回事。在很多游戏里，外面有个大世界，但是你有自己的空间，你可以在里面创造你自己的东西，这并不影响外面的世界。

对，每个人都有自己的内心世界可以进去，但那并不真实。所以有些在真实世界里并不强大的人，就把这种内心世界当作救赎，天天只做白日梦、玩虚拟游戏来弥补他自己的世界。可我觉得虚拟游戏不是真正的内心世界，只是一种体验而已。

那些人在现实世界里得不到满足，只能通过游戏里的世界来得到满足。前段时间有句比较火的话说：“在游戏里再强大，在现实里都是假的。”其实就是这样，玩游戏相当于是给自己找了个庇护所，然后暂时地想一想，暂时地快乐一下。

卓别林的那个《摩登时代》，不就是用这样的方法来讽刺当时那种非常非常暴烈的对人的习惯的重塑吗？还有很多女性主义者也会画比较讽刺的画，然后贴在墙上。我想，开玩笑、插科打诨这件事情，是不是一种避让呢？就是说，如果别人问，你怎么讽刺他、怎么骂他，你可以说我不是在骂他，我只是开了个玩笑。

有很多人开不起自己的玩笑，还有人把玩笑开大了就越来越自卑了，真的有这样的人。刚开始时他可能会想："我咋这么笨，怎么又做不好？"后来就想："我太笨了，我啥都做不好。"然后他就抑郁了。

家瓦

瓦瓦：

我要把你这封回信转给爸爸的一位好朋友郝景芳姐姐，她是科幻小说作家，在她写的《北京折叠》里面，VR 梦境真的变成了一种治理手段，用来维护社会的不平等。巴赫金的狂欢节理论何尝不是维护不平等的社会秩序的一种手段呢？所以爸爸在信中说：“他其实不是颠覆者而是维护者。”

我记得你对不平等是很敏感的。你还记不记得有一次我们俩要坐飞机去参加璐璐姐姐的婚礼，因为我们买了头等舱的机票，所以不用排队。在机场你问我，为什么头等舱就不用排队？为什么花更多的钱就可以在空间资源紧缺的飞机上获得更大的空间？我当时真的被你问住了。被你问倒的情况其实真的不算多，我总能糊弄过去，那次算是我比较惨的一次。

我脑子里过了一下全球思想者的名单，写了《正义》的哈佛大学教授迈克·桑德尔，可能是回答你这个提问比较合适的人选。你自己去看他那本书吧。

在最近的这些谈话中，我很高兴在你身上看到了一种斗争性。你敢于用理性操控庞然大物，你觉得躲进自己幽默感的小洞洞里面“偷着乐”太不过瘾了，这是一种斗争性。你还记得在《仅仅是活着的感觉，就足够欣喜》那封信中我说过，生命就是一场斗争，斗争的生命最可敬吗？

在今天这封信里，我也说了："当我们强有力的时候，我们要用最强大的善的力量去克制暴力；但当我们无力的时候，幽默感是我们对抗暴力的最后的武器。"

当然，首先要斗争。但是，瓦瓦，有时候——仅仅是有些时候——暴虐的力量太过强大，我们可能完全被剥夺斗争的能力。这时候，残存的幽默感就是斗争，坏笑就是斗争。把笑的火种保留下来，把开玩笑的能力传递给下一代人，这也是斗争。

斗争性，这是青春啊！我的女儿长大了，比此刻的我勇敢。

爸爸

土壤的胜利姗姗来迟

土壤的胜利姗姗来迟

土壤的勝利

瓦瓦：

你是有点儿拖延症的，我也有。我从去年12月底开始给你写信，春节期间一直催你，但咱们非得拖到这最后期限才来写最后这封信。没事，有拖延症挺好的！

我们之前说到“半杯水”能分出乐观主义者和悲观主义者，那是一个思想实验。还有一个思想实验室是“吃葡萄”——一串葡萄总是有大有小，有的人先把小葡萄吃掉，然后说：“我下一个吃到的永远是更大的。”有的人则先把大葡萄吃掉，然后说：“瞧，我每次吃到的都是这一串葡萄里面最好的那个。”前一个人倾向于把正式的事情、最难的事情或者最好的事情留到最后才去做，拉长体验周期，可能也就是容易得拖延症的人。

很多事情拖一拖挺好的，那些选择轻生的人，他们要是有拖延症，就不一定会选择放弃生命了，可能第二天就接到好消息了，因为好消息可能就在路上，可是他们做事情太干脆利落了。有些不好处理的问题，搁一搁、拖一拖，有时候问题自己就消失了。我总是安慰我那些焦虑的学策展的学生们：“放轻松，放轻松，事情说不定会自动完成的。”哈哈。

我感兴趣的是拖延这件事情为什么被描述成症状。我想这关乎整个资本主义时间制度的运作。工业革命以来，集约化工业生产中，大家的工作要协作；流水线上，如果你这个部件没有完成，我下面就没办法进行装配了，所以你就不能拖延，人都得生活得像卓别林在《摩登时代》中那样，利索地搞完自己的部分，用传送带把它送过去，后面的人才好办。我们甚至发明了一套时间管理技术，比如说倒计时、打卡、日程管理、绩效管理，等等。

工业革命之前，政府只负责征收租税。一个农民只需要在春耕时节抢时间，别的时候喜欢哪一天去锄草施肥都可以，拖个几天也不用跟谁请假。

协作社会中，没完成的人会耽误大家的进度，于是要受到惩罚。所以拖延变成了罪过。然而，虽然可以从外部责罚“罪者”，这却并不能使“罪者”自责，这些“罪者”依然屡教不改；得让他们在道德上不安，让他们认识到这种拖延的习惯不但是罪过，还是不科学、不健康、不正常、不自然的，要把这种罪过内在化，得把它描述成病。于是我们就制造出了“拖延症”这个词——一个拖延的人是有病的人，是需要治疗的。

工业社会是一个讲求效率、崇尚准时的靠谱的社会。总的来说，我们都已经很适应这样的社会了。该上班上班，该上课上课，该睡觉睡觉。半夜不睡觉起来搞一些“承天寺夜游”“湖心亭看雪”之类的事，可能会被视为不靠谱的行为。“乍暖还寒时候，最难将息”，辗转反侧睡不着，以及禅宗和尚那些

“饥来则食，困来即眠”的行为，慢慢也就变成了病，叫失眠症。工业时代只需要整整齐齐的木方子，不需要杂乱的树林。杂乱的树林中有庄子的歪七扭八不成材的树。

这张画里面，最上面的小树苗被草绳包裹着，带着土连着树根，这是典型的移植用的树苗。此刻正是春天，3 月 12 日是植树节，过几天你就会看到很多汽车载着这样的树苗，它们的树根都带着一坨一坨的土，种树的时候在地上挖一个坑，把整坨树根和土塞进去即可。

在长江大桥的中间，一根横着的树根甩下很多气根。你去过广州，也回过福建，看到过榕树。南方空气湿润，榕树上就会垂下来很多气根，它们可以吸收空气中的水；那些须根一旦碰到土地，就会长成真正的树干。画面下方，邱家瓦开着挖土的工程机械，铲起一堆土，把它高高地举起。你在等待树根接触到这些土壤，在这些土壤里扎根。树根在土壤中扎根是一个缓慢的过程，你就那么举着，可真够有耐心的。

画面的下部有铁轨——四只水牛躺在水里面，只把背部露出水面，水牛成了铁路上的枕木，上面架着轨道。这个小局部也是我在尤伦斯当代艺术中心那个展览里的一件名为《建国方略》的装置的草图。《建国方略》是孙中山先生写的一本书，他在其中规划了在中国建造铁路网的设想。

水牛本是在水田里面劳动的，我不确定你有没有亲眼看到过。老中国画里经常画这种全身浸没在水中、只露出一个背部的水牛，它上面还坐着一个吹笛子的牧童——田园牧歌的农耕生活记忆。铁轨架在水牛身上，铁路在古老的土地上延伸，工业化修剪掉一切歪瓜裂枣的不靠谱的生活方式。然而，植物、田地，会以极耐心的方式，争取自己的生存权利。

人类在趾高气扬地推进自己雄心勃勃的建设计划时，也就是工业计划大行其道的时候，植物、田地这些弱者，总是会退避到远处默默守候。

美国建筑大师路易斯·康有一个有趣的说法，他说一座建筑物在建造的时候，生机勃勃，热火朝天。等到建筑物建成之后，人类搬进去住，使用它，这座建筑就会变得索然无味。而当建筑物被废弃，人类离开之后，这座建筑逐渐变成废墟，杂草又会重新侵入进来，这里重新变成植物的天堂，这座建筑会重新变得生机勃勃。

我看过南京长江大桥建桥的历史照片。那个时候，工地上烟尘滚滚、寸草不生，到处都是机器在轰鸣，农耕完全退去。但是现在——距离那时半个世纪之后，当我站在南京长江大桥上往下看，桥下的江边有人张网捕鱼，引桥下方的田地重新被开发成菜地，有情侣在那里谈恋爱。农业和大自然已经悄然回归。

我看过美国汽车城底特律衰败之后的一些照片，

曾经辉煌的火车站和工厂到处长满了杂草，铁路被杂草吞没。土壤也不知道是如何嵌入那些建筑物的沟沟缝缝里面的，到处都能长出草来。很多房子变成了“鬼屋”，草蔓延进了所有的房子。据说有人在底特律市中心的草丛里拿着猎枪打兔子。

人类经常干和时间对抗的事情，也经常建造纪念碑，把自己的形象和文字刻在碑石上，企图不朽。但人所建构的这些牛气轰轰的庞然大物，不管是彰显辉煌功业的纪念碑，还是最伟大的帝王的坟墓，最后都会变成一个“花盆”，上面长满了植物。

植物是一种非常弱小却非常有耐心的生物，只要人一撤退，它们就会蔓延过来，无孔不入。人类只是短暂地占领了这些地方，大自然将重新占领世界的舞台。

爸爸

爸爸：

所以这是想讲啥道理呢？为什么汽车工业会衰败？我只觉得底特律那些长草的房子好帅！

就算人类在这一个地方衰败了，还可以去下一个地方。人类就是这样到处去建造东西，然后不需要的就让给那些植物。说得不好听一点儿，就是植物太弱了，人类必须得让着它们。

人在做不想做的事才会拖延，喜欢做的事是不可能拖延的。人们的拖延症，其实是因为及时行乐的心态造成的，先做开心的，开心的事情他们可不会拖延。对，人类喜欢享受，喜欢沉浸地做开心的事情，不开心的事情不想做，就拖到最后才去做。

所以人并没有和时间对抗。

我觉得人类建造纪念碑，更像是在接受时间。人类知道有一天自己的时间会消失，所以就趁早留下不会让别人遗忘自己的东西。这也算是接受了时间，然后再做最后一点儿小小的反抗，那是感知到了生命的短暂。

为什么要和时间对抗呢？对抗不了的东西，就坦然接受呗。

家瓦

瓦瓦：

毛主席词曰："恰同学少年，风华正茂；书生意气，挥斥方遒。指点江山，激扬文字，粪土当年万户侯。"

此刻我不能去说服青春年少、意气风发的你站在弱者这边，站在失败者这边，站在时间这边。你要去竞争，要去梦想，要去建造，要去寻求不朽；要学习，要工作，要生活；要有工作计划，有工作日程，有绩效管理。但是，可以考虑原谅自己的拖延，这并没有问题。

有人说过，一个人年轻时如果不是左派，那就没有良知；但是如果他年老的时候还是个左派，那就是没有头脑。此话出处甚多，其中之一是："He who is not a republican at twenty compels one to doubt the generosity of his heart; but he who, after thirty, persists, compels one to doubt the soundness of his mind."

家瓦，这话暂且搁在这里，留待你五十二岁的时候再来重读。彼时爸爸已经化作植物，回归为时间的秘密。

希望那时的世界上还有水牛，即使只是在动物园里。

爸爸

用艺术救助心灵

南京长江大桥建成于1968年，是第一座由新中国自主设计建造的双层双线公路、铁路两用桥，曾以“世界最长的公铁两用桥”载入《吉尼斯世界纪录大全》。

邱志杰从2007年下半年开始关注南京长江大桥的历史、现实，特别是醒目的轻生现象，并展开文献收集、对各类人群的问卷调查、对相关人士的深度访问等工作。与此同时，邱志杰的一系列创作计划也平行地展开，作品形态涵盖绘画、摄影、录像、装置、行为等。“南京长江大桥自杀现象干预计划”由此开始。

这个庞大的计划本是客观的观察、调查、分析和思考，但在与自杀救援者组织的接触过程中，计划发展为更主动的介入和干预。其间，邱志杰不但多次在南京长江大桥实地调研，更是直接参与到对轻生者的救助工作中。

整个计划由多种形态、多种媒介的作品、准作品、非作品所构成，形成方式包括采集、创作、改编、合作等多种手段，由多个大型个展最终完成。它既是一个漫长的文化研究过程，也是一个庞大的文化生产计划。

具体来说，它既包括以艺术作品的创作和展示的方式来促成对南京长江大桥轻生现象的思考，并引向更广泛的社会议题的讨论，以及更形而上的对时间、记忆和命运的讨论；也包括用上述作品在展出和销售之后的收入，实际用于帮助建立轻生者救助基金之类道德主义的行动；更重要的是，邱志杰也尝试通过设计自愿者、被拯救者、轻生者的家人等人群接触的艺术作品，甚至合作创作作品，来使艺术作品成为一种心理治疗的力量介入现实。

自 2007 年启动到目前，整个计划已举办过五次重要的展览：

“庄子的镇静剂”（上海证大现代艺术馆，2008 年）；
“大桥、南京、天下”（新加坡泰勒版画院，2008 年）；
“破冰”（北京尤伦斯当代艺术中心，2009 年）；
“偶像的黄昏”（柏林世界文化宫，2009 年）；
“齐物”（南京艺术学院美术馆，2014 年）。

邱志杰对于南京长江大桥轻生现象进行的社会调查与艺术干预，是中国艺术界近年来最宏大的艺术和社会实验计划。2012 年，邱志杰因该计划获得纽约古根海姆美术馆 Hugo Boss 奖提名。

父女影像

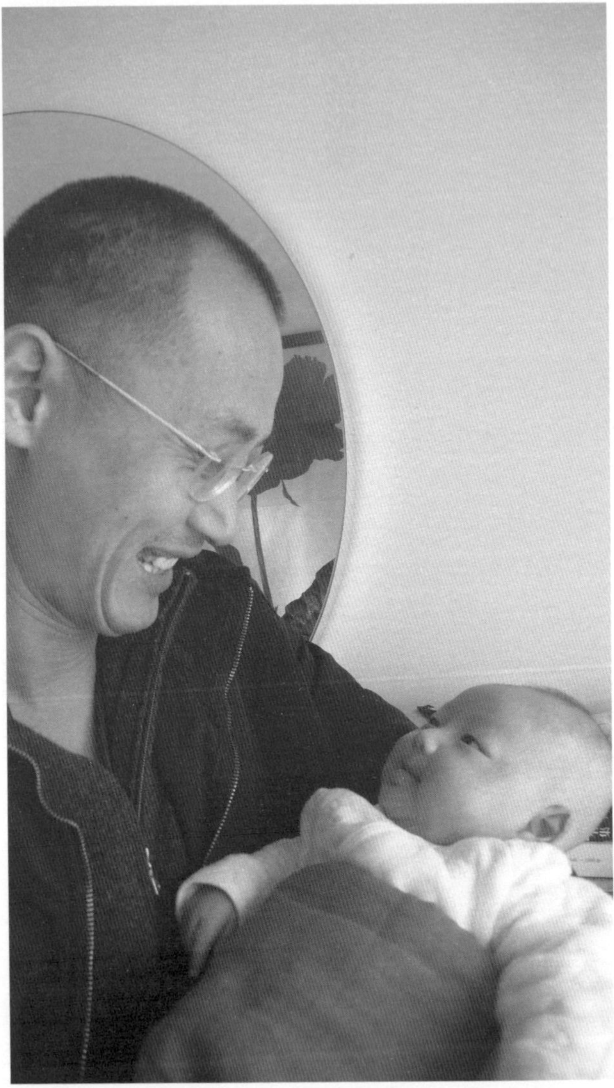

爸爸怀抱出生不久的瓦瓦

在《给邱家瓦的三十封信》展出现场

帮爸爸画画

和爸爸在一起

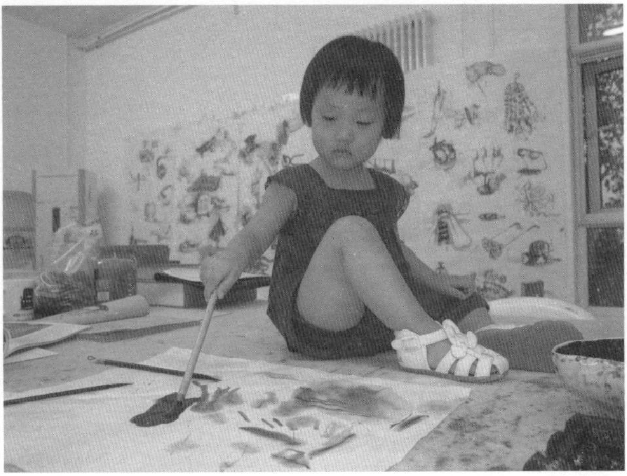

在爸爸的工作室

在画画的瓦瓦

和爸爸一起画

练习书法的瓦瓦

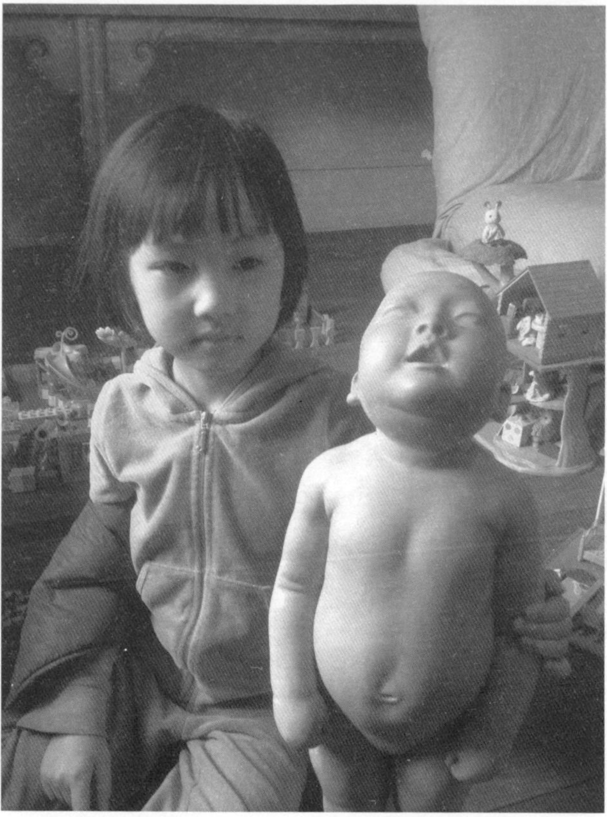

瓦瓦和自己的雕像

父女俩在海边

瓦瓦和爸爸在日本

瓦瓦展示自己的作品

在爸爸的工作室

在爸爸的画作前

练完书法的瓦瓦

看爸爸的个展

父女俩在荷兰的个展上

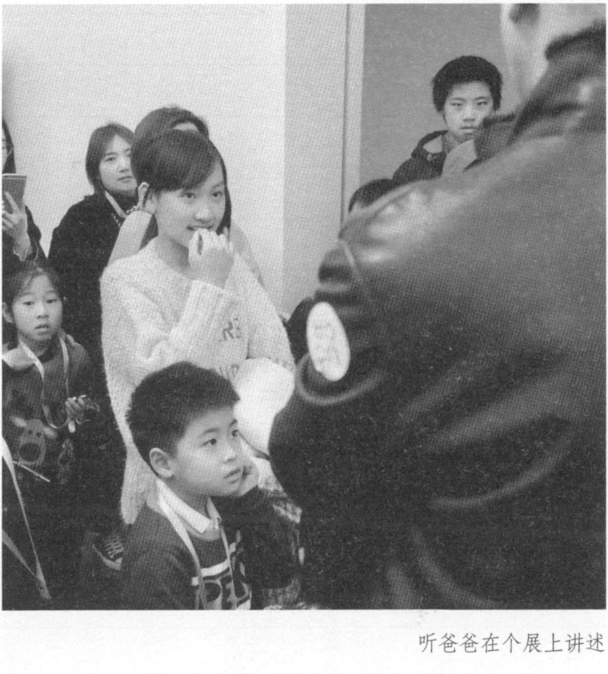

听爸爸在个展上讲述

写给孩子的话：

写给父母的话：

邱志杰

艺术家与策展人，1992 年毕业于浙江美术学院版画系，开始介入当代艺术活动。现为中央美术学院副院长、中央美术学院学术委员会秘书长、中国美术学院跨媒体艺术学院教授、中国美术家协会理事、中国美术家协会实验艺术委员会副主任。

他的创作涉及书法、水墨绘画、摄影、录像、装置、剧场表演等多种形式。他代表了一种沟通中国文人传统与当代艺术、沟通社会关怀和艺术的个人解放力量的崭新尝试。

曾出版《总体艺术论》《影像与后现代》《自由的有限性》《重要的是现场》《摄影之后的摄影》等艺术理论著作，以及《万物有灵》《邱志杰：无知者的破冰史》《记忆考古》等作品集。

作为策展人曾策划中国首个影像艺术展“现象与影像”、第 9 届上海双年展、第 57 届威尼斯双年展中国馆等。

主要个展包括“文字生涯”“不羁之旅”“独角兽和龙”“偶像的黄昏”“破冰”等。

他的作品被纽约古根海姆美术馆、大都会美术馆等各大国际和国内美术馆收藏。

图书在版编目（CIP）数据

给邱家瓦的三十封信 / 邱志杰，邱家瓦著 . —昆明：晨光出版社，2023.4
ISBN 978-7-5715-1682-6

Ⅰ. ①给… Ⅱ. ①邱… ②邱… Ⅲ. ①书信集 – 中国 – 当代 Ⅳ. ① I267.5

中国版本图书馆 CIP 数据核字（2022）第 200951 号

GEI QIU JIAWA DE SANSHI FENG XIN

给邱家瓦的三十封信

邱志杰、邱家瓦 / 著

出 版 人 杨旭恒

总 策 划 杨旭恒
责任编辑 李 政 常颖雯

出　　版 云南出版集团 晨光出版社
地　　址 昆明市环城西路 609 号新闻出版大楼
邮　　编 650034
发行电话（010）88356856 88356858
印　　刷 北京顶佳世纪印刷有限公司
经　　销 各地新华书店
版　　次 2023 年 4 月第 1 版
印　　次 2023 年 4 月第 1 次印刷
开　　本 120mm × 210mm 32 开
印　　张 9.5
I S B N 978-7-5715-1682-6
字　　数 140 千
定　　价 68.00 元